TOSKANISCHE KÜCHE

VON ELISABETTA PIA

BONECHI

ZEICHENERKLÄRUNG

SCHWIERIGKEIT	GESCHMACK	NÄHRWERT
● Leicht	● Delikat	● Niedrig
●● Mittel	●● Würzig	●● Mittel
●●● Schwierig	●●● Stark gewürzt	●●● Hoch

Projekt: Casa Editrice Bonechi
Verlagsleiter: Alberto Andreini
Koordinierung: Paolo Piazzesi
Grafik: Andrea Agnorelli
Video-Layout: Andrea Agnorelli
Umschlag: Maria Rosanna Malagrinò
Redaktion: Rina Bucci
Übersetzung: Ingeborg Babitsch

In der Küche: Elisabetta Piazzesi
Diätologe: Dr. John Luke Hili

Die Food-Photos aus dem Archiv des Verlags Bonechi sind von Dario Grimoldi *und* Andrea Fantauzzo *(Seiten 11, 15, 29, 33, 35, 40, 44, 46, 49, 54-55, 57, 58-59, 64, 68, 69, 76-77, 78, 80, 81, 82, 87, 94, 101, 102-103, 104, 108, 114, 118, 120)*
Die Ambiente-Photos aus dem Archiv des Verlags Bonechi realisierten: Genni Cappelli, R. Cecconi, Stefano Cellai, Luca del Pia, Paolo Giambone, Mario Lari, M. S. A., Andrea Pistolesi, Aldo Umicini.
Von Francesco Giannoni *(mit freundlicher Genehmigung): Seiten 6, 22, 47, 50, 55, 76.*

Für nicht ausgewiesene Photos dankt der Verleger im vorhinein für eventuelle Hinweise, die dann für Neuauflagen übernommen werden.

Druck in Italien: Centro Stampa Editoriale Bonechi.

ISBN 88-476-0782-5

***

VORWORT

Florenz, Toskana. Meine antike, edle Heimat mit ihrer von Menschenhand modellierten Landschaft, die ihre ursprünglichen natürlichen Schönheiten besonders suggestiv in den Vordergrund stellt. Drüben das glänzend blaue Meer, hüben die Berge und Hügel mit grünen Hängen, übersät von winzigen Dörfern wie aus dem Märchenbuch... Bauten und Kunstwerke fügen sich perfekt ohne Misstöne oder Zwang harmonisch ein, als wären sie seit Urzeiten an ihrer Stelle. Unsere Küche präsentiert sich als Widerspiegel des Gesamtbildes und bringt Schlichtheit, Kraft, Wissen, Sanftheit und guten Geschmack zum Ausdruck. Ihre Vitalität rührt von ihrer Authentizität her - dies begreift man, wenn man Stil und Gebrauch der Rezepte und die Fähigkeit berücksichtigt, den ursprünglichen Sinn trotz der Anpassung an gewandelte Gepflogenheiten und Ansprüche ungeschmälert zu überliefern. Überlegen Sie, wie genial aus bescheidensten Mitteln wahrhaft königliche Gerichte entstanden sind. Meiner Küche liegt die volkstümliche Überlieferung zugrunde, mit der Aufwertung ihres hohen gastronomisch-kulturellen Niveaus, ihrer kompromisslosen ästhetischen Formensprache und im Respekt der guten Dinge, die einfach, ohne "Vergewaltigung", gehandhabt werden wollen, mit eben jener uralten Einfachkeit und Weisheit, die seit altersher die toskanische Küche von der aller anderen italienischen Regionen unterschieden hat. Hier kennt man keine Saucen, die die Speisen "ertränken" oder zu fette, schwere Würzen: Sie werden sich davon überzeugen können, daß auch die bescheidenste Zutat eine Rolle für das harmonische Ganze spielt und den Geschmack hervorhebt, ohne ihn zu überdecken - wie das Detail eines Kunstwerks. Denn Geschmack bedeutet für die toskanische Küche mehr als einen gastronomischen Kodex, einen Lebensstil. Kochen, das bedeutet zivilisierte und wissentliche Kommunikation, zu der in der Toskana auch Grazie und Eleganz gehören.

Jedes in diesem Buch aufgenommene Rezept wurde Schritt für Schritt probegekocht; absichtlich wurden "klassische" Zubereitungsarten bevorzugt,

für die traditionell toskanische Zutaten zur Verwendung kamen: wo diese nicht verfügbar sein sollten, habe ich entweder unter den Hinweisen oder im Rezeptteil Alternativen angegeben.
Meine Kommentare wollen Ihnen Vorschläge zu saisongerechten Varianten und zur Präsentierung unterbreiten, oder Ratschläge für eine problemlose Vorbereitung und Ausführung erteilen (mit kompletten Diätangaben). Das Buch ist nicht nur meinen Söhnen gewidmet, sondern dazu allen, die das gesellige Zusammensein bei Tisch zu schätzen wissen.

RATSCHLÄGE DES DIÄTOLOGEN

Die sogenannte mediterrane Diät resultiert konkret als "Insel, die es nicht gibt", da sie, obwohl in den traditionellen Facetten widergespiegelt, von keinem der verschiedenen Mittelmeerländer hundertprozentig eingehalten wird. Unter Berücksichtigung dieser Prämisse kann man sagen, dass die toskanische Küche zahlreiche Charakteristiken der Mittelmeerdiät erfasst: Zum einen als "cucina povera", die einfache, kaum elaborierte Ingredienzien (und nicht selten auch Reste) verwendet. Allerdings hat auch hier der sozialökonomische Aufschwung der letzten 50 Jahre diesen Aspekt abgeschwächt und die gastronomischen Komponenten sind heute weitaus reicher an Protein und Fett als früher.
Zum anderen offenbart sich die für die mediterrane Küche typische Ungleichgewichtigkeit zwischen den Nährstoffen: Kohlehydrate, vornehmlich komplexe, aus Getreide und Derivaten gewonnene geniessen Vorrang (55-60%); weiters Lipide (30%) und Proteine (20%) in bester Balance.
Überdies ist auf eine ausreichende Zufuhr von pflanzlichen Ballaststoffen durch die vielen Gemüse- und Leguminosen-Gerichte, und schließlich auf die Nutzung von nativem Olivenöl extra als Hauptquelle für die Fettzufuhr hinzuweisen (mindestens 50% der Lipide insgesamt), das durch seinen hohen Gehalt an einfach gesättigten Säuren ein ausgezeichnetes Vorbeugemittel gegen Arteriosklerose darstellt.
Aber auch der Wein spielt in der Toskana eine gewichtige, weit über die Funktion eines einfachen Begleiters hinausreichende Rolle, was sowohl die Geschichte der toskanischen Hügeln bestätigt, als die durch den (maßvollen) Genuss bestens "geölten" Arterien der Feinschmecker.

REZEPTVERZEICHNIS

VORSPEISEN UND SAUCEN

ZWISCHENGERICHTE

FLEISCH- UND WILDGERICHTE

FISCHE UND MOLLUSKEN

EIERGERICHTEN UND OMELETTS

GEMÜSE UND GEMÜSEBEILAGEN

DESSERTS UND GEBÄCK

Vorspeisen und Saucen

1

Aringa sott'olio

Hering in Olivenöl

2 Salzheringe
2 Karotten
1 Stange Staudensellerie
einige weiße Zwiebelchen
Olivenöl
Peperoncino

Portionen:	4
Zubereitungszeit:	20'+24h
Schwierigkeitsgrad:	●
Geschmacksrichtung:	●●●
Kcal (pro Portion):	233
Proteine (pro Portion):	8
Lipide (pro Portion):	20
Nährwert:	●●●

Geräuchterte Heringe sind für das Rezept nicht geeignet, auch sollte man Rogenern anstatt Milchnern den Vorzug geben.
Man entgrätet und spült sie unter fließendem Wasser und teilt sie in Filets, die in einer tiefen Platte auf einem Bett aus feingehackten Karotten, Sellerie und frischen Zwiebelchen angerichtet und mit dem Olivenöl und einem oder 2 gehackten Peperoncini bedeckt werden.
Bevor man die Speise zu gutem Toskanerbrot genießt, lässt man sie einen Tag lang stehen.

Möchten Sie der Tradition Ihre persönliche Note aufprägen? Kochen Sie einige größere Kartoffeln, die Sie kalt in dicke Scheiben schneiden. Zerpflücken Sie die Heringfilets und reichen Sie sie auf diesen "Kartoffelcroûtons".

Carciofi sott'olio

Artischocken, in Öl eingelegt

10 Artischocken
1 Liter Weißwein
1/2 Glas Rotweinessig
2 Zitronen
10 Lorbeerblätter
schwarze Pfefferkörner
Olivenöl

Portionen: 4
Zubereitungszeit: 20'+24h
Garzeit: 15'
Schwierigkeitsgrad: ●
Geschmacksrichtung: ●●
Kcal (pro Portion): 364
Proteine (pro Portion): 0
Lipide (pro Portion): 20
Nährwert: ●●●

Die Artischocken werden sorgfältig gereinigt, von Spitzen und den harten Blättern befreit und in einen Topf mit zitronengesäuertem Wasser gelegt. Mit dem Weißwein, dem (knappen) halben Glas Essig, 2 Lorbeerblättern und 10 Pfefferkörnern kernig kochen, in einem Sieb abtropfen und umgedreht auf einem Küchentuch trocknen lassen. Abwechselnd mit Lorbeerblättern und einigen Pfefferkörnern in kleine Konservengläser schichten, mit feinstem Olivenöl auffüllen und hermetisch verschließen. Nach Belieben können auch Peperoncino oder eine Idee Fenchelsamen (nur eine Idee) beigefügt werden.

Für mich gehören solche Artischocken zu den bevorzugten Gemüsen, mit denen man im Sommer einen kalten Reissalat würzen oder eine kalte Beilage garnieren kann.

CIPOLLE IN AGRODOLCE

Süßsaure Zwiebeln

1 kg rote Zwiebeln
1 Glas Rotweinessig
3 EL Olivenöl
1 EL Zucker
1 Prise Salz

Portionen: 4-6
Zubereitungszeit: 10'
Garzeit: 3h 10'
Schwierigkeitsgrad: ●
Geschmacksrichtung: ●●
Kcal (pro Portion): 147
Proteine (pro Portion): 2
Lipide (pro Portion): 10
Nährwert: ●●

Die meisten Leser werden dabei an die faden weißen Cocktailzwiebelchen denken, an denen man sich vor der "Glotze" delektiert und nicht wenig erstaunt sein, anstatt dieser eine mysteriöse dunkelfarbige Kreation vorzufinden - doch kosten Sie beherzt, denn hier finden Sie die Summe aller Tugenden der toskanischen Küche vereint: Geduld, Erfahrung und Einfachheit! Auch hier ist von Zeit und Geduld die Rede...
Für einen persönlichen Touch kann man die Zwiebeln mit frischem Schafquark reichen und damit seinen Gästen eine unverhoffte Überraschung bereiten.

Die in Stücke geschnittenen Zwiebeln werden (evtl. auch im Schnellkochtopf) kurz überbrüht, bis ihre eigene Flüssigkeit ausgetreten ist.
Dann kommen sie in einem Topf (der Küchentradition gemäß stets derselbe) mit allen anderen Zutaten auf schwaches Feuer; dann wartet man ... unter oftigem Umrühren, und beobachtet, wie sich Farbe und Konsistenz allmählich verändern: für ein gutes Gelingen braucht es etwa drei Stunden, wobei die Qualität der Zwiebel eine große Rolle spielt!
Ein "Evergreen".

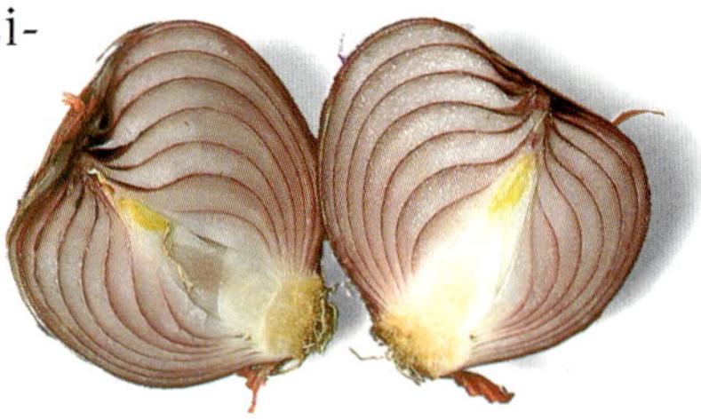

CROSTINI CON I FEGATINI

Geflügelleber-Toast

Hühnerlebern vorsichtig von der Galle befreien, unter Fließwasser spülen und abtropfen lassen. Die feingeschnittene Zwiebel in 2 EL Öl in einer Pfanne goldgelb anlaufen lassen, dann die Leber beifügen und während der ca. halbstündigen Kochzeit mit Vinsanto aufgießen, mit Salz und Pfeffer abschmecken und zuletzt die gut ausgedrückten Kapern darunterziehen. Die Lebermischung fein wiegen oder durch eine Passiermaschine treiben. Unterdessen die Brotscheiben im Backofen leicht rösten und mit wenig Brühe benetzen, die Lebermasse darauf verteilen und sofort servieren. Sie schmecken aber auch kalt sehr gut.

300 g Hühnerleber
etwas Fleischbrühe
eine rote Zwiebel
ein 1/2 Glas Vinsanto
50 g Kapern
Brotscheiben (ungesalzenes Landbrot)
Olivenöl

Portionen: 4
Zubereitungszeit: 20′
Garzeit: 35′
Schwierigkeitsgrad: ●●
Geschmacksrichtung: ●●
Kcal (pro Portion): 561
Proteine (pro Portion): 26
Lipide (pro Portion): 14
Nährwert: ●●●

CROSTINI COL VINSANTO

"Crostini mit Vinsanto"

300 g Geflügelleber
2 Knoblauchwürste
eine Zwiebel
1 Rosmarinzweigchen
1/2 Liter Vinsanto
Baguette-Brotscheiben
Olivenöl

Portionen:	4
Zubereitungszeit:	15′
Garzeit:	45′
Schwierigkeitsgrad:	●●
Geschmacksrichtung:	●●
Kcal (pro Portion):	912
Proteine (pro Portion):	35
Lipide (pro Portion):	33
Nährwert:	●●●

Ausnahmsweise rate ich, für diese raffinierte Vorspeise nicht das klassische ungesalzene toskanische Weißbrot, sondern die Baguette oder den rundlichen Canapéwecken zu verwenden. In der Toskana steht es nach einem Sprichwort mit dem Vinsanto wie mit der Petersilie: man findet ihn überall, in jeder Speise, vom hors d'oeuvre bis zum Dessert; er paßt zu den mannigfachsten Gelegenheiten und insbesondere festlichen Anlässen - zum Trinken, Begießen, Übersprühen.

Die baguettes werden in viele kleine Scheiben aufgeschnitten, die man mit dem Vinsanto tränkt und auf einer Platte anrichtet. Die feingehackte Zwiebel in wenig Öl anlaufen lassen, die handzerpflückten enthäuteten Knoblauchwürste daruntterbröseln und eine Viertelstunde lang leise kochen lassen. Dann die gutgeputzten Hühnerlebern mit allen anderen Zutaten daruntermischen, mit Salz und Pfeffer abschmecken und mit dem Rosmarinzweigchen eine halbe Stunde auf schwacher Flamme kochen. Rosmarin entfernen und alles durch den Cutter passieren. Die Paste auf die Brötchen streichen und servieren.

CROSTINI DI POLENTA CON SALSICCE

Polentaschnitten mit Wurstbrät

Maismehl findet man heute in zahlreichen Typologien, von grob bis feinst gemahlen, ich persönlich liebe die grobkörnige nicht, weil die Gerichte schwerer verdaulich und für meinen Geschmack zu rustikal ausfallen. Für diese Crostini rate ich zu einem Maisgries mittlerer Mahlstärke, von schöner gelber Farbe, der nicht mit anderen Getreidearten vermischt wurde.

Man bereitet einen ziemlich festen Maisbrei, der ca. 40 Minuten lang auf schwacher Flamme sorgfältig gerührt wird. Währenddessen die Zwiebel und Schalotten mit wenig Öl in einer Pfanne anrösten, dann bei größerer Hitze die zerkrümelten Würste und darauf die zerstückelten Tomaten beimengen und eindicken lassen.

Die fertige Polenta auf ein Brett oder praktischer in ein rechteckiges Gefäß streichen und auskühlen lassen. In nicht zu dünne Rechtecke schneiden und in reichlich Öl fritieren.

Wenn diese schön goldgelb und knusprig sind, häuft man reichlich Sugo darauf und serviert sie heiß. In jedem Fall sind sie eine Augenweide.

Diese leckeren Crostini werden speziell im Winter zubereitet, wenn das Herausbacken und der wärmende Effekt der Polenta kein Opfer bedeutet.Es gelingt nicht allen, die Polenta zu fritieren, ohne sie dabei zu zerbröseln; auch hierfür gibt es einen ganz einfachen Trick: man läßt die Scheiben auf allen Seiten schön goldgelb färben bevor man sie umdreht und natürlich muß das Öl stets gleichmäßig heiß bleiben.

300 g Maisgries
1 rote Zwiebel
2 Schalotten
2 Tomaten
3 Würste
Olivenöl

Portionen: 4
Zubereitungszeit: 20+30′
Garzeit: 40′+50′
Schwierigkeitsgrad: ●●
Geschmacksrichtung: ●●
Kcal (pro Portion): 672
Proteine (pro Portion): 20
Lipide (pro Portion): 39
Nährwert: ●●●

Fette col cavolo nero

Röstbrot mit Blätterkohl

2 Bund Blätterkohl (*brassica oleracea convar. acephala*) oder 1/2 Grünkohl
altbackenes Brot
2-3 Knoblauchzehen
Olivenöl, Zitrone
frischgemahlener Pfeffer

Portionen: 4
Zubereitungszeit: 15′
Garzeit: 30′
Schwierigkeitsgrad: ●
Geschmacksrichtung: ●●●
Kcal (pro Portion): 215
Proteine (pro Portion): 16
Lipide (pro Portion): 10
Nährwert: ●●●

Wie auch das folgende Rezept, stellt diese einfache Zubereitung durch das Zusammenspiel der schmackhaften Ingredienzien und der verschiedenen simplen, aber grundlegenden "Küchenkniffe" einen wahren Hochgenuß für den Gaumen dar, sodass die Angabe eines Rezeptes gerechtfertigt scheint.
Die Kohlblätter werden von den harten Stielen abgestreift und ca. 20 Minuten lang gekocht. Mittlerweise röstet man die nicht zu dünn geschnittenen Brotscheiben und reibt sie mit geschältem Knoblauch ein, die mit den noch tropfnassen Kohlblättern belegt, mit reichlich Öl und frisch gemahlenem Pfeffer und etwas Zitronensaft und einer Prise Salz gewürzt werden. Sie schmecken nur heiß serviert.

FETTUNTA

Ölbrote

Von echtem toskanischen Landbrot (es muß unbedingt eine schöne Kruste haben!) schneidet man 4 Scheiben ab.
Diese werden geröstet (am besten gelingen sie natürlich auf Holzkohlenglut, doch zur Not reicht auch der Gasherd) und dann auf beiden Seiten mit geschältem Knoblauch eingerieben.
Der Clou besteht in der Würze: echtes toskanisches Olivenöl bester Qualität und eine Prise Salz - sogleich warm essen - eine kalte "Fettunta" ist kein Genuß!

4 Scheiben toskanisches Landbrot
Knoblauch
Olivenöl

Portionen: 4
Zubereitungszeit: 10'
Garzeit: 10'
Schwierigkeitsgrad: ●
Geschmacksrichtung: ●●●
Kcal (pro Portion): 205
Proteine (pro Portion): 15
Lipide (pro Portion): 10
Nährwert: ●●●

Sobald meine Kinder ein Jahr alt wurden, riet ihnen die Großmutter zu Brot und Öl, im Kontrast zu den "vorverdauten" Breien einer des öfteren allzu marketing-orientierten industriellen Kindernahrung.
Recht hat sie; einfache, gute Dinge kommen - ebenso wie Großmütter - wahrhaftig nie aus der Mode...
Im November genießt man dieses Röstbrot mit dem "neuen", frisch gepreßten, pikanten Olivenöl; sommersüber (als Vorspeise, Mittelgang, Imbiß - ganz nach Belieben) bereichert man es hingegen mit Scheiben von frischen Tomaten und zerpflücktem Basilikum.

FIORI DI ZUCCA FRITTI

Ausgebackene Kürbisblüten

12 Kürbis- oder Zucchiniblüten
2 Eier
150 g Weizenmehl
Olivenöl

Portionen: 4
Zubereitungszeit: 20'+30'
Garzeit: 20'
Schwierigkeitsgrad: ●●
Geschmacksrichtung: ●●
Kcal (pro Portion): 440
Proteine (pro Portion): 10
Lipide (pro Portion): 31
Nährwert: ●●●

Für eine verbreitete, vor allem in Restaurants und Trattorie genutzte Variante des Ausbackteigs verwendet man nur das Eiweiß anstelle des ganzen Eis: dadurch wird der Teig schaumiger (und auch "spektakulärer"), und bildet eine Art Spinnwebennetz auf dem Fritierten (dasselbe Ergebnis erreicht man, wenn man dem Wasser ein halbes Glas helles Bier beimengt). Ich glaube aber, dass die in meinem Rezept angeführte Version beonders passend für Zucchiniblüten ist, weil sie die Blüten nur zart umkleidet, also zweifellos knusprig doch nicht grobschlachtig wirkt.

Eine Voraussetzung für das Gelingen dieses Rezeptes ist die absolute Frische der Zucchiniblüten: das bedeutet, dass es sich um ein saisonbedingtes Gericht handelt, da das Rohmaterial - aus dem eigenen Garten oder vom Gemüsehändler - nur im Frühjahr-Sommer verfügbar ist.
Zuerst entfernt man die grünen Blättchen und den Samenständer, dann bereitet man den Ausbackteig: man zerklopft die Eier kurz mit einer Prise Salz, mengt das Mehl darunter und schlägt die Masse mit der Rute zur Vermeidung von Knötchen: jetzt kommt soviel Wasser dazu, bis ein ziemlich flüssiger, innig vermengter Teig entsteht, den man ca. 30 Minuten rasten läßt. Nun taucht man die Blüten in den Backteig, wobei man sie kurz kopfüber abtropfen läßt, und bäckt sie in heißem Öl (vorsichtig mithilfe von zwei Gabeln wenden). Unbedingt sofort heiß und knusprig zu Tisch bringen: die goldfarbenen Kürbisblüten sind eine Augenweide!

FIORI RIPIENI

Gefüllte Blüten

Die (frischen und ziemlich großen) Blüten werden sorgfältg gewaschen und wie vorher angegeben vorbereitet. Für die Farce kann man faschiertes gekochtes oder geschmortes Fleisch, oder auch frisches Hackfleisch mit der Béchamelsauce vermengen (das Hack auf lebhafter Flamme ca. 10 Minuten in einem EL Öl durchrösten und dann auskühlen lassen). Dann legiert man die Fülle mit 2 zerschlagenen Eiern und würzt mit Salz, Pfeffer und gehackter Petersilie. Man stellt die Pfanne mit dem Öl bereit, öffnet die Blüten mit den Fingern und füllt sie vorsichtig (mit etwa einem Löffel voll), dreht sie im Backteig und bäckt sie sofort heraus. Eine leckere Variante stellt eine Farce aus Mozzarella und einer entgräteten, kleingeschnittenen Sardelle anstatt der Fleischfülle dar. Dazu zerhackt man die Mozzarella, vermengt sie mit der Sardelle, 2 EL Béchamel und einer Handvoll in Milch aufgeweichtem und gut ausgedrücktem Brot. Man legiert mit einem zerklopften Ei und verfährt dann wie oben angegeben.

20 frische Zucchini- oder Kürbisblüten
200 g mageres Hackfleisch (oder Koch- oder Schmorfleischreste)
Ausbackteig (siehe vorige Seite)
2 Eier
Petersilie
Olivenöl

Für die Béchamelsauce
3,5 dl Milch
20 g Butter
20 g Mehl

Portionen: 4
Zubereitungszeit: 25'
Garzeit: 30'+15'
Schwierigkeitsgrad: ●●●
Geschmacksrichtung: ●●
Kcal (pro Portion): 527
Proteine (pro Portion): 19
Lipide (pro Portion): 37
Nährwert: ●●●

Die Butter in einem Topf schmelzen, nach und nach das Mehl einarbeiten und salzen. Bei stetigem Rühren die Milch zufügen und die Sauce ca. 20 Minuten bei Mittelhitze knötchenfrei eindicken.

INSALATA DI BACCELLI E PECORINO

Salat mit Saubohnen und Schafskäse

2 kg Saubohnen in der Schale, frisch gepflückt
Pecorino-Schafskäse (jung, nicht ausgereift)
1 kl. Bund Poleiminze oder Basilikum
Olivenöl

Portionen: 6
Zubereitungszeit: 15'
Garzeit: 10'
Schwierigkeitsgrad: ●
Geschmacksrichtung: ●●
Kcal (pro Portion): 614
Proteine (pro Portion): 39
Lipide (pro Portion): 27
Nährwert: ●●●

Man nehme... einen Korb mit Schoten ("baccelli" bedeutet nichts anderes - siehe auch das Rezept "Baccelli stufati" S. 106), die möglichst klein und frisch sein sollen (und, wenn man die Hülsen aufbricht, "singen", d.h. einen heiteren Knall von sich geben), pult die Kerne aus, entfernt den Stielansatz und wäscht sie, bevor man sie mit wenig Öl, Salz und einer Handvoll Basilikum (oder Minze) für wenige Minuten zugedeckt aufkocht. Sie sollen "runzelig", doch noch bißfest sein.
Abtropfen und auskühlen lassen. In einer Schüssel richtet man den mittelreifen, grob gehobelten Pecorino mit den Bohnenkernen an, schmeckt mit Salz ab und vermengt mit 2 EL Olivenöl. Aus ästhetischen Motiven garniere ich diesen anregenden Salat noch mit einer Handvoll feingehacktem Chioggia-Radicchio (weniger bitter als der Trevigiano) und Radieschenscheiben.

LINGUA ALL'ARANCIO

Kalbszunge in Orangensauce

Die Kalbszunge wird mit Suppengrün weichgegart (die Kochzeit hängt vom Gewicht ab; man überprüft, indem man mit einer Gabel das dicke Ende ansticht: wenn noch Blut austritt, muß sie noch weiter gekocht werden). Die Haut sofort abziehen (auch wenn man sich die Finger verbrennt) und gut abkühlen lassen. In feine Scheiben schneiden. In einer Schüssel bereitet man eine Marinade aus den in Streifen geschnittenen Orangenschalen, dem Saft und dem Essig, legt die Zunge hinein, würzt mit Salz und Pfeffer und bedeckt mit Öl. Nun läßt man das ganze möglichst lange marinieren und dreht die Zungenscheiben ab zu zu vorsichtig um, damit sie die Würze gut aufnehmen.

eine kleine Kalbszunge
1 Glas Rotweinessig
Schale (nur das Gelbe) und Saft von 2 Orangen
Olivenöl

Portionen: 6
Zubereitungszeit: 20'+6h
Garzeit: 1h
Schwierigkeitsgrad: ●●
Geschmacksrichtung: ●●
Kcal (pro Portion): 239
Proteine (pro Portion): 9
Lipide (pro Portion): 18
Nährwert: ●●●

Obwohl man Zunge meist für einen anspruchsvollen Mittelgang oder eine gemischte Rindfleischplatte verwendet, habe ich sie diesmal für eine Vorspeise gewählt, da ihr die Orangenmarinade anregende Frische verleiht und sie zu einem eleganten, leichten Entrée befähigt.

PAN DI FEGATI

Leberbrot

600 g Hühner-, Kalbs- und Schweinsleber
einige Lorbeerblätter
ein halbes altbackenes Brot
5 ganze Eier
1/2 Glas Brandy
1 Glas Milch
1 nußgroßes Stück Butter

Portionen:	6
Zubereitungszeit:	20′+30′
Garzeit:	2h 30′
Schwierigkeitsgrad:	●●●
Geschmacksrichtung:	●●
Kcal (pro Portion):	870
Proteine (pro Portion):	60
Lipide (pro Portion):	29
Nährwert:	●●●

Die Brotschmolle in Milch aufweichen, dann gut ausdrücken. Die geputzte und zerkleinerte Leber mit Butter, Salz und Pfeffer in einer Kasserole ca. eine halbe Stunde bei mittlerer Hitze rösten, mit Brandy aufgießen, verdunsten lassen und vom Feuer nehmen. Eier schaumig schlagen und mit der Brotschmolle vermischen; Leber im Cutter zu einer homogenen Masse mixen und behutsam mit allen anderen Zutaten innig verbinden. Den Boden einer rechteckigen Kastenform gleichförmig mit den Lorbeerblättern auskleiden, die Lebermasse einfüllen und im Wasserbad bei Mittelhitze ca. 2 Stunden im Rohr backen. Aus dem Ofen nehmen, mit der Spachtel von den Rändern lösen und abkühlen, doch nicht ganz kalt werden lassen, bevor man das Leberbrot auf eine dekorative Platte stürzt.

Heutzutage ist es selten, daß man diese typische und finessenreiche Vorspeise unserer Küchentradition am häuslichen Tisch oder im Restaurant präsentiert, da sie mittlerweile fast ausschließlich in der gehobenen Feinkost zu finden ist. Ein erlesenes und "repräsentatives" Gericht, auch für Festtagsmenus, das man ebenso kalt servieren und den Effekt durch die Umkränzung mit goldenglänzender gehackten Gelatine noch erhöhen kann.

Florenz: Dom und Giotto-Kampanil aus der Vogelperspektive

PANZANELLA

Brotsalat

1 altbackenes toskanisches Landbrot
1 große rote Zwiebel
2 Salat-Tomaten
reichlich Basilikum
Olivenöl

Portionen:	**4-6**
Zubereitungszeit:	**5'+15'**
Schwierigkeitsgrad:	**●**
Geschmacksrichtung:	**●●**
Kcal (pro Portion):	**435**
Proteine (pro Portion):	**11**
Lipide (pro Portion):	**10**
Nährwert:	**●●●**

Für diesen Klassiker ist kein großer Aufwand nötig: man legt das aufgeschnittene Brot in Wasser, schneidet mittlerweile die Zwiebel in feine Ringe, die Tomaten in Scheiben und hackt zwei Handvoll Basilikum dazu. Das Brot gut ausdrücken und mit Öl, Essig, Salz und Pfeffer gleichmäßig von der Hand vermengen.

Einfacher geht es nicht, nur muß das Brot altbacken und gut ausgedrückt sein. Die Panzanella schmeckt auch gut kalt, wenn man sie - besonders im Sommer - im Kühlschrank aufbewahrt. Sie wird in zahlreichen (mitunter auch komplizierten) Spielarten zubereitet, zumeist kommen auch Gurkenscheiben dazu. Nun, ich bin kein großer Gurkenfreund, bei uns zuhause bereitete man die Panzanella immer wie angegeben... Man kann höchstens Poleiminze oder wilden Thymian dazugeben.

Die sanften Hügel der Toskana: zeitloses Motiv der Malerei aller Epochen

Pesce finto

Falscher Fisch

500 g mehlige gelbe Kartoffeln
1 Küchenlöffel voll Thunfisch in Öl
2 EL Mayonnaise
10 Essiggürkchen
1/2 rote Paprikaschote
1 schwarze Olive

Portionen: 4
Zubereitungszeit: 30′
Garzeit: 30′
Schwierigkeitsgrad: ●●
Geschmacksrichtung: ●●
Kcal (pro Portion): 178
Proteine (pro Portion): 4
Lipide (pro Portion): 8
Nährwert: ●●

Für dieses Rezept benötigt man nicht nur die Grundzutaten, sondern auch kreative Phantasie ... Die Kartoffeln werden sehr weich gekocht und gleich mit einer Gabel zerdrückt; nach dem Erkalten mengt man den gut abgetrockten Thunfisch und eine leichte, mit reichlich Zitronensaft bereitete Mayonnaise darunter, schmeckt mit Salz und Pfeffer ab und ... läßt seinen plastischen Fähigkeiten freien Lauf. Die Basis bild eine ovale oder runde Platte - es macht keinen Unterschied, da Sie Form und Gestalt Ihres "Fisches" selbst bestimmen. Mit den Händen - das erweckt wohl Kindheitserinnungen - modelliert man den Fisch in die gewünschte Form. Aus den in feinste Scheibchen geschnittenen Essiggurken entstehen vom Schwanzende ausgehend die Schuppen, aus der Paprikaschote ein lächelndes Fischmaul und ein langer, majestätischer Schwanz, die Olive bildet das große Auge.

TONDONE ALL'ALLORO

Lorbeerfladen

Dieser "runde Fladen" diente einst dazu, das Abendessen zu verlängern oder reicher zu gestalten und ersetzte mitunter das Brot.
Wie die meisten simplen Zubereitungen florentinischer Tradition verlangt auch der Tondone Zeit, Ruhe und Geduld - ohne "furia" (Hast), wie wir sagen - und wie immer mit einer Prise Liebe gewürzt.
Also frisch ans Werk: die würzigen Lorbeerblätter (nicht die kleinen, ansehnlicheren die aber nicht duften) hackt man sehr fein.
In einer Schüssel verrührt man Milch und Mehl, am besten mit der Schneerute, um Klümpchen zu vermeiden, zu einem glatten Teig, mischt den Lorbeer darunter und läßt die Masse mindestens 1/2 Stunde rasten, bevor sie mit einer Schöpfkelle in eine geschmierte, erhitzte Pfanne gegossen und auf beiden Seiten gebräunt wird. Der Fladen schmeckt warm und kalt gleich gut.

100 g Mehl
6 Lorbeerblätter
1 Glas Wasser
Olivenöl

Portionen: 4
Zubereitungszeit: 10'+30'
Garzeit: 20'
Schwierigkeitsgrad: ●
Geschmacksrichtung: ●●
Kcal (pro Portion): 266
Proteine (pro Portion): 3
Lipide (pro Portion): 20
Nährwert: ●●●

TONNO CON LA CIPOLLA E I FAGIOLI

Thunfisch mit Zwiebeln und Bohnen

800 g frische Bohnenkerne (getrocknet 300 g)
2 mittelgroße rote Zwiebeln
200 g Thunfisch in Öl
Olivenöl
Salz und Pfeffer

Portionen:	4-6
Zubereitungszeit:	15'
Garzeit:	40'
Schwierigkeitsgrad:	●
Geschmacksrichtung:	●●●
Kcal (pro Portion):	554
Proteine (pro Portion):	25
Lipide (pro Portion):	19
Nährwert:	●●●

Man kocht die Bohnen 40 Minuten wenn man frische, 2 Stunden wenn man getrocknete verwendet (die vorher für 12 Stunden gewässert wurden - für eine korrekte Vorbehandlung siehe Rezept S. 109) Inzwischen wird die Zwiebel hauchdünn aufgeschnitten und der Thunfisch von der Hand zerpflückt. Mit den erkalteten, gut abgetropften Bohnen in einer Schüssel anrichten und mit Öl, Salz und frischgemahlenem Pfeffer würzen.

Salsa alla toscana

Sauce "Toskana"

50 g Lardo (fetter Speck)
1 Zwiebel
1 Stange Staudensellerie
1 Karotte
50 g gekochter Schinken
1 Steinpilz
1/2 Liter Fleischbrühe
1 nußgroßes Stück Butter
Olivenöl

Portionen: 4
Zubereitungszeit: 20′
Garzeit: 30′
Schwierigkeitsgrad: ●●
Geschmacksrichtung: ●●
Kcal (pro Portion): 318
Proteine (pro Portion): 4
Lipide (pro Portion): 31
Nährwert: ●●●

Man läßt den Speck in einem Kochtopf glasig anlaufen, röstet darin die feingewiegten Gemüse an und mischt dann den nudelig aufgeschnittenen und von Fetträndern befreiten Schinken darunter, schmeckt mit Salz und Pfeffer ab und rührt das Ganze gut durch.
Den mit einem feuchten Tuch von evtl. Erdresten befreiten Pilz in feine Lamellen schneiden und mit der Fleischbrühe in den Topf gießen. Leise köcheln und öfters mit einem Holzlöfel umrühren, damit sich alle Zutaten gut verbinden.
Nach ca. 15-20 Minuten vom Feuer nehmen, entfetten und passieren: nochmals auf kleinster Flamme eindicken lassen und wenn nötig mit einem Butterstückchen legieren.

SALSA DI POMODORO

Tomatensauce

2 kg reife Tomaten
2 Zwiebeln
1 Karotte
1 Stange Staudensellerie
Olivenöl

Portionen:	**4-6**
Zubereitungszeit:	**10′**
Garzeit:	**30′**
Schwierigkeitsgrad:	**●●**
Geschmacksrichtung:	**●●**
Kcal (pro Portion):	**163**
Proteine (pro Portion):	**3**
Lipide (pro Portion):	**10**
Nährwert:	**●**

Tomaten putzen, waschen, grob zerpflücken und mit dem feingeschnittenen Gemüse in einem großen Geschirr erst auf schwacher, dann gradweise stärkerer Flamme kochen.
Die Tomaten geben je nach Sorte und Reifegrad mehr oder weniger Fruchtwasser ab, das man nach und nach mit einer Kelle abschöpft, sodaß nur das saftige Fleisch mit den Würzgemüsen simmert.
Wenn sich die Tomaten auflösen, stellt man die Flamme niedriger, würzt mit etwas Öl und einer Prise Salz und läßt die Sauce für weitere 20 Minuten eindicken, dann etwas ruhen und passiert sie schließlich.
Nach dem Erkalten füllt man sie in hermetisch verschließbare Konservengläser. Im Sommer kann man ein Sträußchen Basilikum mitkochen und in jedes Glas noch ein frisches Blatt einlegen: Farben und Aromen erinnern uns dann während der langen kalten Monate an den wieder herbeigesehnten Sommer.
Wer das Glück hat, in der Toskana zu leben, sollte für diese Tomatensauce echte "florentinische" Tomaten wählen; sie präsentieren sich wie ein bauchiger Apfel oder genauer, wie ein kleiner Kürbis, süß, mit reichlichem saftigem Fruchtfleisch und eignen sich für die Sauce besser als die ursprünglich aus Kampanien stammende längliche "San Marzano"-Sorte, deren Form mehr der einer großen Olive ähnelt – wer im Ausland lebt, sollte daher nach Tomaten Ausschau halten, die dem beschriebenen Geschmack entsprechen.

SALSA VERDE

Grüne Sauce

Petersilie waschen, mit allen anderen Zutaten fein hacken (Kapern gut abtropfen lassen) und in einer Schüssel mit 4 EL Öl, dem Essig und einer karg bemessenen Prise Thymian (das kräftige Aroma könnte sonst allzusehr vorschmecken) mit einem Löffel innig vermengen und evtl. noch Essig hinzufügen. Man reicht diese Sauce zu gekochtem Rindfleisch oder streicht sie für Appetithäppchen auf frisches, nicht geröstetetes Weißbrot.

1 Sträußchen Petersilie
100 g Essig-Kapern
3 hartgekochte Eier
eine Prise Thymian
1-2 EL Rotweinessig
Olivenöl

Portionen: 4
Zubereitungszeit: 15'
Schwierigkeitsgrad: ●
Geschmacksrichtung: ●●●
Kcal (pro Portion): 209
Proteine (pro Portion): 8
Lipide (pro Portion): 16
Nährwert: ●●●

SALSA VERDE ESTIVA

Grüne Sauce - sommerliche Version

je ein Sträußchen Poleiminze, Petersilie, Bergminze, Basilikum
2 hartgekochte Eier
100 g Butter
1 Zitrone

Von allen Kräutern werden nur die Blättchen verwendet, die man unter fließendem Wasser sorgfältig gesäubert und dann mit einem Tuch getrocknet hat. Die geschälten Eier und die Kräuter püriert man mit der weichen Butter und einigen Tropfen Zitronensaft im Mixer und schmeckt mit Salz und Pfeffer ab, doch ohne den zarten Kräuterduft zu überdecken. Eine schmackhafte Beilage zu Fleisch, auch grilliert, oder zu gekochtem Gemüse.

Portionen: 4
Zubereitungszeit: 15'
Garzeit: 7' (Für die Eier)
Schwierigkeitsgrad: ●
Geschmacksrichtung: ●●
Kcal (pro Portion): 308
Proteine (pro Portion): 7
Lipide (pro Portion): 30
Nährwert: ●●●

Diese Sauce existiert in zahllosen Varianten; das vorliegende Rezept eignet sich für die warme Jahreszeit, wenn man frische Kräuter, wie zum Beispiel Polei- und Bergminze bei einem Spaziergang auf dem Land pflücken, oder zumindest beim Gemüsehändler finden kann.

SUGO CON LE OLIVE

Olivensauce

100 g milde schwarze Oliven
100 g Oliven, in Salzlake eingelegt
100 g grüne Oliven in Knoblauchwürze
4 rote Zwiebeln
2 Knoblauchzehen
1 Liter Tomatenpüree (oder dieselbe menge Pelati aus der Dose)
Olivenöl
Peperoncino

Portionen: 6
Zubereitungszeit: 20′
Garzeit: 1h 20′
Schwierigkeitsgrad: ●●
Geschmacksrichtung: ●●●
Kcal (pro Portion): 336
Proteine (pro Portion): 5
Lipide (pro Portion): 27
Nährwert: ●●●

In einer Kasserolle röstet man di grobgehackten Zwiebeln in 8 EL Öl an. Mittlerweile werden alle Oliven-Sorten entsteint und nicht zu klein zerschnitten, die zu den Zwiebeln gefügt werden, wenn diese weich und gelblich sind.
Etwa eine Viertelstunde bei mittlerer Hitze unter öfterem Umrühren kochen: die Masse soll sich gut verbinden.
Das Tomatenpürcc oder dic geschälten Pelati daruntermischen, stets bei Mittelhitze häufig umrühren, mit Salz und einer großzügigen Dosis Peperoncino abschmecken und leise eine weitere Stunde köcheln lassen. Die Sauce repräsentiert eine perfekte Würze für Nudelgerichte, insbesondere wenn man hohle Pastaformaten wie Pennette und Rigatoni verwendet, die die Sauce gut aufnehmen. Wichtig ist vor allem, daß die Oliven fachgerecht konserviert wurden.

ZWISCHENGERICHTE

2

Acquacotta

Gemüsesuppe aus der Maremma

3 rote Zwiebeln
1 gelbe Paprikaschote
1 Selleriestange
3 reife Tomaten
8 Scheiben altbackenes Landbrot
4 Eigelb
Mittelfester Pecorino, gerieben
Olivenöl

Portionen: 4
Zubereitungszeit: 15'
Garzeit: 1h 15'
Schwierigkeitsgrad: ●●
Geschmacksrichtung: ●●●
Kcal (pro Portion): 560
Proteine (pro Portion): 20
Lipide (pro Portion): 17
Nährwert: ●●●

Zwiebeln, Paprika und Sellerie werden zerschnitten, die Zwiebel läßt man goldgelb im Öl anlaufen, fügt Paprika, Sellerie und das Fruchtfleisch der Tomaten hinzu und läßt ca. 1 Stunde lang langsam kochen. Dann füllt man alles in ein größeres (am besten irdenes) Geschirr um, gießt mit einem Liter Wasser auf und läßt ca. 10 Minuten lang weiterkochen, während man die Brotscheiben röstet, die in den Tellern angerichtet werden. Mit der Suppe aufgießen, vorsichtig je ein Eigelb aufsetzen, kurz ziehen lassen und mit geriebenem Pecorino bestreut servieren.

Die romantische Silhouette eines maremmanischen "buttero" bei Sonnenuntergang im Uccellina-Naturpark an der Küste

Mir bringt die frischen Eier eine verhutzelte alte Bäuerin, wie aus einem alten Stich - nach dem Volksmund ist "ein frisch gelegtes Ei einen Dukaten wert"! Diese Version des aus den Maremmen stammenden "Acquacotta" ["gekochtes Wasser"] verlangt weder viel Zeit noch Ingredienzien. Es gibt zwar komplexere und auch "spektakuläre" Spielarten, doch: geringer Arbeitsaufwand bei Hochgenuß - was will man mehr?

1 kg helle Zwiebeln
150 g Erbsen u.a. Leguminosen
1 Selleriestange
1 Karotte
1/2 Liter Hühnerbrühe
Weißbrot
1 Glas Weißwein
Olivenöl
Parmesankäse

Portionen:	4
Zubereitungszeit:	15'
Garzeit:	55'
Schwierigkeitsgrad:	●●
Geschmacksrichtung:	●●
Kcal (pro Portion):	412
Proteine (pro Portion):	14
Lipide (pro Portion):	11
Nährwert:	●●

CARABACCIA ▸

Toskanische Zwiebelsuppe

Zwiebeln in dünne Scheiben schneiden und mit den feingewürfelten Gemüsen in einem (möglichst irdenen) Topf mit 6 EL Olivenöl auf den Herd setzen und ca. 40 Minuten langsam dünsten, so dass die Gemüse ihre Flüssigkeit abgeben.
Die Erbsen dazugeben und fertiggaren.
Das Weißbrot in feine Scheiben schneiden, rösten und mit etwas heißem Wasser benetzen.
Darauf die "Carabaccia" in tiefen Tellern auf dem gerösteten Brot anrichten und mit reichlich Parmesankäse bestreut servieren.

400 g Hühnerleber
Kämme, Testikel, unfertige Eier des Huhns
3 Eigelb
50 g Butter
1 Zwiebel
Weizenmehl
1/2 Glas Brühe
1 Zitrone
3/4 Salbeiblatt
Ginger

Portionen:	4
Zubereitungszeit:	30'
Garzeit:	20'+15'
Schwierigkeitsgrad:	●●
Geschmacksrichtung:	●
Kcal (pro Portion):	365
Proteine (pro Portion):	29
Lipide (pro Portion):	22
Nährwert:	●●

CIBREO

Hühnerklein Spezial

Die feingehackte Zwiebel mit der Butter in einer Kasserolle anrösten, sobald sie Farbe annimmt, Hühnerinnereien dazugeben (säuberlich geputzte Lebern, "fagioli" [Testikel], die Kämme [vorher überbrühen, die Haut abziehen und in Mehl drehen]; die nichtgeborenen Eier kommen erst ganz zum Schluß dazu) und auf mäßiger Flamme kochen und ab und zu mit der Brühe begießen.
Nach der Garzeit (ca. 20 Minuten) vom Feuer nehmen und die mittlerweile mit Zitronensaft zerschlagenen Eigelb über die Innereien gießen. Küchentechnisch gesehen handelt es sich bei dem "Cibreo" um ein Frikassée, also ein Hauptgericht, das ich persönlich aber aufgrund seiner delikaten Beschaffenheit als Entree vorschlage - es muß unverzüglich dampfend heiß verzehrt werden.

Das Originalrezept (das in der Renaissancezeit noch Mandeln, Zucker, Zimt und Essig vorsah) wurde im Verlauf der Jahrhunderte modifiziert und vereinfacht.
Und man darf sagen, daß diese "Rationalisierung" (der zahlreiche, wenn nicht alle Gerichte unserer kulinarischen Tradition unterzogen wurden) die Geschmacks- und Aromenfülle der Zwiebeln und Gemüse optimal in den Vordergrund zu rücken wußte und unseren Gaumen Empfindungen mitteilen, die hinter keiner soupe à l'oignon zurückstehen.
Dem "modernen Rezept", das vorgekochte und teils ganze, teils passierte Erbsen vorschreibt, ziehe ich meine persönliche Variante vor, bei der die Erbschen während des Kochens ganz bleiben; auch würde ich zuletzt das Brot nicht nur in warmem Wasser, sondern mit einem guten Schuß Weißwein tränken, wodurch diese antike, würzige und gehaltvolle Zwiebelsuppe den letzten wohlduftenden Schliff erhält.

CRESPELLE ALLA FIORENTINA

Crêpes auf Florentinerart

Für die Fülle:
frische Ricotta bester Qualität, 150 g
2 Eier
Spinat, 200 g
eine Handvoll geriebener Parmesan
Muskatnuss

Für die Crêpes:
60 g griffiges Mehl
2 Eier
1 Glas Milch
20 g Butter

Portionen: 4
Zubereitungszeit: 20'+30'
Garzeit: 50'+15'
Schwierigkeitsgrad: ●●●
Geschmacksrichtung: ●●
Kcal (pro Portion): 472
Proteine (pro Portion): 34
Lipide (pro Portion): 34
Nährwert: ●●●

Zuerst wird der Spinat gekocht, fest ausgepresst und in einer Schüssel innig mit dem Topfen, dem Parmesan und einer Spur geriebener Muskatnuß zu einer homogenen Masse verrührt.
Dann wird der Teig bereitet: Eier zuerst mit Mehl und Salz und dann mit der Milch und der aufgeweichten Butter zu einem glatten Teig rühren, den man mindestens 1/2 Stunde rasten läßt.
In einem Pfännchen verteilt man etwas Teig durch Drehen und wendet die hauchdünnen Crêpes fast sofort; nach und nach werden sie mit der Spinatfülle bestrichen und aufgerollt.
Die Pfannküchlein werden in eine gebutterte Auflaufform geschichtet, mit Béchamelsauce (Rezept siehe Seite 17) bedeckt und reichlich mit geriebenem Parmesan bestreut.
Nach Belieben kann man das Gericht noch mit Tupfen von Tomatensauce garnieren, bevor man es 20 Minuten im vorgeheizten Ofen gratinieren läßt. Wie alle Gratins genießt man auch diese Speise heiß.

*Ein einfaches und schmackhaftes Gericht, das leider wie viele andere heute oftmals auf andere und nicht immer korrekte Weise zubereitet wird.
Diese Originalfassung erlaubt nach meinem "Küchenverstand" höchstens die Zugabe von duftenden Kräutern zum Spinat und auch dies nur im Sommer, wenn die Aromenfülle ihren Höhepunkt und maximale Frische erreicht hat.*

GNOCCHI DI PATATE

Kartoffelnocken

1 kg Kartoffeln
250 g Mehl
2 Eier

Portionen: 4	
Zubereitungszeit: 30′	
Garzeit: 40′	
Schwierigkeitsgrad: ●●●	
Geschmacksrichtung: ●●	
Kcal (pro Portion): 493	
Proteine (pro Portion): 17	
Lipide (pro Portion): 8	
Nährwert: ●●	

Man setzt die Kartoffeln in kaltem Wasser an (wenn man sie vorher schält, muß man wissen, daß sie dann einiges von ihrer mehligen Beschaffenheit verlieren).
Man läßt die Kartoffeln auf Mittelhitze ca. eine halbe Stunde kochen.
Abgießen, schälen (ein kleiner Küchentrick: am besten wickelt man die Hand, mit der man sie hält, in ein Küchentuch, um sich nicht die Finger zu verbrennen), durch die Kartoffelpresse passieren und auf ein Küchenbrett häufen.
Nach und nach verbeitet man die Kartoffelmasse mit dem Mehl, einem ganzen Ei und einem Eigelb und Salz zu einer geschmeidigen weichen Masse (wenn sie an der Fingern klebt, noch etwas Mehl darübersieben und langsam einarbeiten).
Zu fingerdicken Rollen formen und quer in 2 cm lange Stücke schneiden, die man nach und nach auf ein bemehltes Tuch legt.
Die Gnocchi in leicht gesalzenem Wasser kochen und nach dem Abgießen mit Fleichsauce oder zerlassener Butter mit Salbei würzen.
In jedem Fall aber wird man die Nöckchen dann noch vor dem Servieren mit reichlich geriebenem Parmesankäse bestreuen.

MINESTRA CON LE PATATE

Kartoffelsuppe

600 g Kartoffeln
1 rote Zwiebel
1 Karotte
1 Stange Sellerie
2 reife Tomaten
geriebener Parmesan
Weißbrot
1/2 Glas Weißwein
Olivenöl

Portionen: 4	
Zubereitungszeit: 10′	
Garzeit: 1h 25′	
Schwierigkeitsgrad: ●●	
Geschmacksrichtung: ●●	
Kcal (pro Portion): 444	
Proteine (pro Portion): 13	
Lipide (pro Portion): 13	
Nährwert: ●●	

Die großgewürfelten Kartoffeln bringt man mit allen Suppengemüsen und 6 EL Öl in einer Kasserolle zum Sieden und gießt mit 1 1/2 Liter Wasser und dem Weißwein auf und würzt mit Salz und Pfeffer.
Etwa 1 Stunde köcheln lassen und währenddessen 2 EL Öl hinzufügen. Durch ein Sieb passieren und weiter 20 Minuten lang eindicken lassen.
Die gerösteten Brotscheiben werden gewürfelt (man kann auch vorher die Brotwürfel in Olivenöl backen) und in die Suppenteller verteilt.
Die Suppe wird mit reichlich Parmesankäse bestreut zu Tisch gebracht.

Minestra di ceci e peperoni

Kichererbsensuppe

300 g Kichererbsen
100 g Räucherspeck
1 rote Zwiebel
1 roter, 2 grüne Paprika
1 Karotte
2 Kartoffeln
3 reife Tomaten
2 Lorbeerblätter
etwas Thymian
1 Knoblauchzehe
Petersilie
Olivenöl

Portionen:	**4-6**
Zubereitungszeit:	**15'+8h**
Garzeit:	**2h ca.**
Schwierigkeitsgrad:	**●●**
Geschmacksrichtung:	**●●●**
Kcal (pro Portion):	**927**
Proteine (pro Portion):	**21**
Lipide (pro Portion):	**63**
Nährwert:	**●●●**

Am Vorabend legt man die Kichererbsen mit je einem Löffel Natron und grobem Salz in kaltes Wasser, spült sie am nächsten Tag gut ab und setzt sie unter Zugabe des streifig geschnittenen Specks, sowie der Lorbeerblätter und einer Prise Thymian in einem Topf mit lauwarmem Wasser auf den Herd.
In einer Kasserolle läßt man die feingehackte Zwiebel in 6 EL Öl anlaufen, sobald sie sich gelb färbt, fügt man die gewürfelten Kartoffeln, die nudelig geschnittenen Paprika (vorher sorgfältig waschen und Samenkerne entfernen), die feingewiegte Karotte und die zerstückelten Tomaten dazu. Nach dem Siedepunkt 1/2 Stunde lang unter ständigem Umrühren bei mittlerer Hitze garen.
Sobald die Kichererbsen gekocht sind, gießt man den Sugo darüber und verbindet alle Ingredienzien.
Man serviert in tiefen Tellen, mit etwas Petersilie bestreut.
Das Gericht entfaltet seine originelle Geschmacksfülle nur, wenn es so heiß als möglich genossen wird.

MINESTRA DI FARRO

Emmersuppe

200 g Emmer (Zweikorn)
200 g getrocknete Borlottibohnen
1/2 Zwiebel
Rosmarin
Salbei
2 Knoblauchzehen
4 Scheiben Landbrot
Olivenöl

Portionen:	4
Zubereitungszeit:	15'+6h
Garzeit:	1h 40'
Schwierigkeitsgrad:	●●
Geschmacksrichtung:	●●
Kcal (pro Portion):	582
Proteine (pro Portion):	25
Lipide (pro Portion):	12
Nährwert:	●●

Die 5 - 6 Stunden eingeweichten Bohnen abgießen und das Einweichwasser zum späteren Gebrauch beiseite stellen.
Mit kaltem Wasser zugedeckt eine gute halbe Stunde auf schwächster Flamme köcheln lassen. Inzwischen Zwiebel, Knoblauch, Rosmarin und Salbei fein hacken und mit 5-6 EL Olivenöl in einer Kasserolle andünsten.
Den Emmer einschütten, kurz mitrösten, dann mit dem Einweichwasser aufgießen und sachte ein gutes Stündchen köcheln.
Zur halben Garzeit 3/4 der Bohnen hinzufügen; der Rest wird passiert und erst gegen Ende zum Eindicken in die Suppe eingerührt.
Nach kurzem Rasten mit Pfeffer aus der Mühle und mit feinem Öl gewürzt in die Teller verteilen, die man pro Person mit einer gerösteten und mit Knoblauch eingeriebenen Scheibe Brot garniert.

Das antike Rezept sah auch Pinienkerne vor, die zusammen mit dem Parmesan dem Gericht vor dem Gratinieren hinzugefügt wurden, vermutlich um den sommerlichen Charakter der Speise hervorzuheben, die traditionell am 10. August zubereitet wird, zum Fest des hl. Laurentius, das allen Florentinern als Erinnerung an die Zeit der Medici lieb ist, auch weil in dieser Nacht die meisten Sternschnuppen gezählt werden können. Es heißt, die Zeitgenossen hätten über ihre Vorliebe für dieses Gericht den Märtyrer ganz vergessen und seinen Namenstag als "Porrea-Fest" begangen (bekanntlich leitet sich das Etymon "Püree" von "porrea" ab).

MINESTRA DI PORRI

Porreesuppe

Die vorbereiteten Lauchstangen in feine Scheiben schneiden und leise mit 6 EL Olivenöl in einem Topf glasig werden lassen, ohne daß sie brutzeln, wobei man sie öfters wendet.
Wenn gar, vom Feuern entfernt nach und nach Mehl dazu mengen, bis dieses den Lauch vollkommen aufgenommen hat. Mit der (nicht kochenden) Bouillon ablöschen und ca. 1/2 Stunden auf mittlerer Flamme köcheln lassen, bis der Porree zerfällt.
6 geröstete Brotscheiben in eine Backform legen, mit der Lauchmischung bedecken und reichlich mit geriebenem Parmesan bestreuen und sodann ca. 10 Minuten lang im Rohr überbacken.

1 kg Porree
2 EL Mehl
1/2 Liter Bouillon
Weißbrot
Parmesan
Olivenöl

Portionen: 4
Zubereitungszeit: 10'
Garzeit: 1h ca
Schwierigkeitsgrad: ●●
Geschmacksrichtung: ●●
Kcal (pro Portion): 376
Proteine (pro Portion): 12
Lipide (pro Portion): 13
Nährwert: ●●

MINESTRONE

200 g trockene weiße Bohnen
2 rote Zwiebeln
2 Karotten
2 Kartoffeln
3 Zucchini
Mangoldspinat
1/4 Wirsing
200 g Reis
Bouillon
Olivenöl

Portionen: 4-6	
Zubereitungszeit: 15'	
Garzeit: 1h 20'	
Schwierigkeitsgrad: ●●	
Geschmacksrichtung: ●●	
Kcal (pro Portion): 300	
Proteine (pro Portion): 9	
Lipide (pro Portion): 11	
Nährwert: ●●	

In einem Topf läßt man die feingeschnittene Zwiebel und die übrigen, kleingewürfelten Gemüse in 8 EL Olivenöl auf mittlerer Flamme unter öfteren Wenden zugedeckt dünsten, solange als möglich nur in ihrer eigenen Flüssigkeit.
Sobald diese ganz verdunstet ist, bedeckt man sie mit Wasser, salzt und pfeffert und läßt ca. 1 Stunde zugedeckt köcheln.
Dan fügt man den Reis und soviel kochendes Wasser zu, bis wieder alles bedeckt ist.
Unter öfterem Umrühren läßt man 15-20 Minuten den Minestrone fertiggaren.

Mit Reis ist der Minestrone nur warm, mit Nudeln hingegen (in den Formaten kleine Makkaroni oder kurze Teigröhren zu gleicher Menge) auch kalt gut, etwa an Sommerabenden, und man gibt frischgehacktes Basilikum darüber.

MINESTRONE CON LA SALVIA

Minestrone mit Salbeiwürze

250 g frische oder trockene
Borlotti-Bohnen
100 g Pappardelle
(breite Bandnudeln)
eine Handvoll getrocknete Pilze
1 Knoblauchzehe
reichlich gewiegte Salbeiblätter
1 reife Tomate
Olivenöl

Portionen: 4
Zubereitungszeit: 15'+15'
Garzeit: 20'+40'
Schwierigkeitsgrad: ●●
Geschmacksrichtung: ●●●
Kcal (pro Portion): 262
Proteine (pro Portion): 8
Lipide (pro Portion): 10
Nährwert: ●

In einer großen Kasserolle röstet man in 3 EL Öl Knoblauch, Salbei und die (vorher in lauem Wasser erweichten) Pilze an, fügt dann die Tomate, die vorher gekochten und passierten Bohnen samt ihrem Kochsud dazu.
Salzen, pfeffern und die Nudeln einlegen. Leise köcheln lassen, bis der Minestrone eindickt. Bei Tisch betropft man auch dieses würzige Gericht nochmals mit feinem Olivenöl.

Anstatt der Pappardelle eignen sich auch andere Pastaformate aus Hartweizen (Makkaroni u.a. hohle Teigröhrchen); auch kann man weniger Wasser verwenden für ein "Ragout", mit dem man separat gekochte Nudeln würzt. Dieses Rezept verkörpert eine aktualisierte Spielart des uralten bäuerlichen Eintopfgeriches, das im Original durch seine Schwerverdaulichkeit heute keinen Anklang mehr fände.

PAPPA AL POMODORO

Für dieses Gericht richtet man sich alles Nötige in Reichweite zurecht, da es zwar sehr einfach, jedoch in kürzester Zeit fertig ist und daher keine Unterbrechungen erlaubt.
In einer großen Kasserolle bräunt man langsam in 4 EL Öl den Knoblauch, dann die gehäuteten Tomaten in Stücken, das grob gehackte Basilikum und zuletzt dicke Brotscheiben.
Kurz Flamme erhöhen und mit Wasser oder, wenn Sie eine milder abgerundete Geschmacksnuance wünschen, mit Gemüsebrühe ablöschen und rühren, bis ein nicht allzu dickes noch zu suppiges Mus entsteht. Da auch die Tomaten Wasser enthalten, gießt man am besten nicht die ganze Brühe dazu. Salzen und pfeffern.
Und das ist alles: wenn Sie den Deckel abheben, dringt Ihnen die Fülle aller Düfte des Sommers entgegen: schließen Sie die Augen - hören Sie nicht die Zikaden zirpen und das Meer rauschen?

Ich liebe diese "Pappa" und schaudere, wenn sie im Winter präsentiert wird, denn wo findet man aromatisches Basilikum und Tomaten, die nicht aus dem Treibhaus kommen? Vermutlich kann man außerhalb Italiens keine ähnlichen Ansprüche stellen, doch versuche man, das Gericht möglichst nach meinem Rezept nachzuvollziehen, sowohl was die Zubereitung, als die Zutaten betrifft. Manche verwenden Porree anstatt Knoblauch, andere passieren die Masse, bevor sie mit rohem Öl durchdrungen wird. Ich halte meinen Kochvorschlag für gut ausgewogen. Übrigens: man kann das Mus warm oder kalt essen, aber nie mit Käse bestreut.

250 g altbackenes Brot
1 Liter Wasser oder warme Gemüsebrühe
600 g vollreife Tomaten
4 große Knoblauchzehen
Olivenöl
1 Bund duftendes Basilikum

Portionen: 4	
Zubereitungszeit: 15′	
Garzeit: 35′	
Schwierigkeitsgrad: ●●	
Geschmacksrichtung: ●●●	
Kcal (pro Portion): 281	
Proteine (pro Portion): 7	
Lipide (pro Portion): 10	
Nährwert: ●	

PAPPARDELLE SULLA LEPRE

Pappardelle mit Hasenragout

Aus Mehl, Öl (das im "normalen" Pappardelle-Rezept nicht vorkommt) und den ganzen Eiern bereitet man einen Nudelteig, den man nach dem Ausziehen eine halbe Stunde abtrocken läßt und dann in ca. zweifingerbreite lange Streifen schneidet. Für das Ragout verwendet man nur das Hasenvorderteil, doch hat man alles Blut aufgefangen, das in dem Sugo die Tomaten ersetzt (wie in vielen Gerichten vor der Entdeckung dieser amerikanischen "Morgengabe").
Das zerschnittene Hasenfleisch in einer Kasserolle auf der im Öl gebräunten Zwiebel langsam anbraten, so daß es seine Flüssigkeit abgibt, das feingehackte Röstgemüse und die kleingewürfelten Innereien zugeben, kurz Würze aufnehmen lassen und mit Blut und Rotwein ablöschen und durchgaren. Hasenfleisch von den Knochen lösen und für einige Minuten im eingedickten Saft aufkochen. Die kernig gekochten Teigflecken werden reichlich mit dem Ragout begossen und mit Parmesan bestreut serviert.

Für das Hasenragout:
1 junger Wildhase samt Herz, Leber, Lunge und Blut
2 Karotten
1 Zwiebel
Sellerie
Petersilie
Rotwein
Olivenöl

Für die Pappardelle:
400 g griffiges Weizenmehl
3 ganze Eier
1 EL Olivenöl

Portionen: 4
Zubereitungszeit: 30'+30'
Garzeit: 1h 20'
Schwierigkeitsgrad: ●●●
Geschmacksrichtung: ●●
Kcal (pro Portion): 693
Proteine (pro Portion): 34
Lipide (pro Portion): 20
Nährwert: ●●●

Dieses und andere Gerichte aus dem Fleisch dieses Tieres sind in der Toskana heute Privileg von Wenigen, die über einen frischerlegten, doch gut abgehangenen Hasen verfügen können (anstatt der heute meist tiefgefrorenen Importware), da er nur beschränkt oder gar nicht gejagt werden darf und im Territorium immer mehr eine Seltenheit darstellt. Für die Anhänger traditioneller Toskanerküche ein kostbares Schlemmergericht zum Nachvollziehen.

Charakteristische toskanische Bauernhäuser im Territorium von Siena

PAPPARDELLE AL CONIGLIO STRASCICATO

Pappardelle mit Kaninchenragout

1 ca. 1,2 kg schweres Kaninchen
Zwiebel, Karotte, Sellerie
3 vollreife Tomaten
etwas Thymian
Petersilie
350 g Pappardelle (siehe vorige Seite)
Olivenöl

Portionen: 4
Zubereitungszeit: 15'
Garzeit: 1h ca.
Schwierigkeitsgrad: ●●
Geschmacksrichtung: ●●
Kcal (pro Portion): 549
Proteine (pro Portion): 34
Lipide (pro Portion): 16
Nährwert: ●●●

Man wäscht und zerlegt das Kaninchen und legt die Leber zur Seite. Dann läßt man die fein gehackten Gemüse in 6 EL Öl goldgelb anlaufen und legt die Fleischstücke ein. Unter öfterem Wenden 1/4 Stunde bei Mittelhitze dünsten lassen, dann die gehäuteten, zerstückelten Tomaten, die zerschnittene Leber, Thymian, Salz und Pfeffer dazugeben und bei mäßiger Hitze 1/2 Stunde lang leise brodeln lassen. Abseits vom Feuer die Kaninchenstücke herausnehmen, auskühlen lassen, von den Knochen lösen und das Fleisch fein wiegen und mit dem Saft nochmals aufkochen. Mit dieser Köstlichkeit würzt man Pappardelle oder möglichst hausgemachte Teigflecken, die den Sugo gut aufnehmen und serviert sehr heiß, eventuell mit frischer Petersilie garniert.

1/2 Ente samt Leber und Herz
350 g Pappardelle (siehe vorige Seite)
400 g Tomaten
Zwiebel, Karotte
1 Selleriestange
Petersilie
Weißwein
geriebener Parmesan
Olivenöl

Portionen: 4
Zubereitungszeit: 15'
Garzeit: 1h 30'
Schwierigkeitsgrad: ●●
Geschmacksrichtung: ●●
Kcal (pro Portion): 647
Proteine (pro Portion): 36
Lipide (pro Portion): 22
Nährwert: ●●●

PAPPARDELLE SULL'ANATRA ▸

Pappardelle mit Entenragout

Die gehackten Gemüse in 6 EL Öl anlaufen lassen, die geputzte und in Stücke geteilte Ente mitrösten und mit Weißwein aufgießen.
Zugedeckt 1/4 Stunde dünsten, dann die Tomaten (auch Pelati aus der Dose) zufügen und 1 Stunde auf niedriger Flamme garen. Die Ente aus der Kasserolle nehmen, entbeinen und das Fleisch mit den zerschnittenen Leber- und Herzstücken im Sugo gut erhitzen und mit Salz und Pfeffer abschmecken.
Die Pappardelle werden bißfest gekocht (ca. 10 Minuten) und mit dem dampfenden Ragout und reichlich geriebenem Parmesan gewürzt, oder mit frischem, feingehacktem Schnittlauch bestreut und eventuell mit dessen Blüten garniert.

Siena: Blick von der Via Sant'Agata auf den Torre del Mangia-Turm

PASTA E FAGIOLI

Teigwaren mit Bohnen

Die Bohnen kocht man langsam für ca. 40 Minuten (1 1/2 Std. wenn man getrocknete verwendet, die man 2 Stunden mit den aromatischen Kräutern in Wasser aufgeweicht hat) und streicht sie dann durch ein Sieb oder die Passiermaschine, die die Bohnenschalen zurückbehält. Mit Salz und Pfeffer und nach Belieben mit Peperoncinopulver abschmecken. Die Teigwaren werden unter Zugabe von etwas Wasser in den passierten Bohnen gegart.

Auch diese berühmte "Suppe" genießt man heiß und mit feinem Olivenöl benetzt.
Das Originalrezept rät, die Bohnen in einem irdenen Geschirr ca. 3 Stunden im Ofen bei niedriger Hitze zu garen, doch erhält man dasselbe Ergebnis nach meiner Meinung auch mit modernen und zeitsparenden Methoden.
Ein bewährter Klassiker.

200 g Rigatoni (gerillte Teigröhrchen)
700 g Cannellini-Bohnenkerne (oder 300 g getrocknete)
2 Knoblauchzehen
einige Salbeiblätter
etwas Rosmarin
Olivenöl
Peperoncino

Portionen: 4
Zubereitungszeit: 15'+2h
Garzeit: 30'+40'
Schwierigkeitsgrad: ●●
Geschmacksrichtung: ●●●
Kcal (pro Portion): 452
Proteine (pro Portion): 15
Lipide (pro Portion): 10
Nährwert: ●●

RIGATONI STRASCICATI

Nudeln mit Ragout

Für das Ragout läßt man alle feingehackten Röstgemüse mit 6 EL Öl in einer Kasserolle langsam bräunen, fügt dann das Faschierte dazu und läßt auf mittlerer Flamme unter öfterem Wenden zirka eine Viertelstunde lang dünsten.
Tomaten oder Tomatensauce zufügen, salzen, pfeffern und mindesten 1 Stunde lang (je länger desto besser) bei sehr schwacher Hitze kochen; ab und zu verrühren.
Die Teigwaren läßt man in reichlich Salzwasser "al dente" (bißfest, bei fast nur halber Kochzeit) sieden.
Dann gießt man sie ab und läßt die Nudeln, damit sie die Würze gut aufnehmen, im Ragout in einem breiten Kochtopf fertiggaren.

350 g gerillte Teigwaren (Rigatoni)
300 g mageres Hackfleisch
1 große Zwiebel
1 Stange Sellerie
1 Karotte
5 vollreife Tomaten (oder 1/2 l Tomatensauce)
Olivenöl

Portionen: 4
Zubereitungszeit: 20'
Garzeit: 1h 30'
Schwierigkeitsgrad: ●●
Geschmacksrichtung: ●●
Kcal (pro Portion): 583
Proteine (pro Portion): 26
Lipide (pro Portion): 17
Nährwert: ●●●

300 g Maisgrieß
2-3 Bund Blätterkohl
(oder Grünkohl)
Olivenöl
Pancetta (Bauchspeck)

Portionen:	4
Zubereitungszeit:	15′
Garzeit:	30′+40′
Schwierigkeitsgrad:	●●
Geschmacksrichtung:	●●●
Kcal (pro Portion):	469
Proteine (pro Portion):	7
Lipide (pro Portion):	22
Nährwert:	●●●

POLENTA COL CAVOLO NERO

Polenta mit Blattkohl

Die unter Fließwasser gesäuberten und von den Stielen abgestreiften Kohlblätter kocht man ca. 20 Minuten in Wasser, gießt sie ab und läßt das Maismehl langsam in den Kohlsud rieseln.
Ununterbrochen rühren, damit sich keine Klumpen bilden, und 40 Minuten köcheln lassen. Separat röstet man den kleingewürfelten Speck an und vermengt ihn mit dem Kohl.
Dieser wird während Ende der Kochzeit unter die Polenta gehoben, die man sofort aufträgt, wenn man die Speise heiß essen will.
Oder man läßt die Polenta in einem länglichen Backgefäß erkalten und schneidet sie in fingerdicke Scheiben, die man im Rohr grilliert.

Polenta pasticciata

Polentaauflauf

Man bereitet in einem großen Kochgeschirr aus allen feingehackten Röstgemüsen in 4 EL Öl die braune Grundsauce; nach 10 Minuten bei schwacher Hitze und häufigem Umrühren fügt man das faschierte Fleisch dazu und läßt es bei lebhafter Flamme anrösten.
Nach ca. 20 Minuten Tomatensauce, Salz, Pfeffer und einen TL scharfe Peperonipaste dazugeben, Flamme kleinstellen und mittlerweile di Polenta bereiten.
Man bringt zwei Liter Wasser zum Sieden und schüttet das Maismehl ein, während man mit einem Schneebesen oder mit einem Kochlöffel rührt, um Klumpen zu vermeiden.
Auf schwacher Flamme ca. 40 Minuten kochen, während man die Béchamel vorbereitet. Die fertiggekochte Polenta 2 cm hoch auf ein großes Brett streichen und abkühlen lassen (während das Ragout leise weiterköchelt).
Dann in Quadrate schneiden und abwechselnd mit je 5 EL Ragout und einer Handvoll geriebenem Parmesan in ein breites Ofengeschirr schichten und die Oberfläche mit reichlich Béchamel überziehen.
Mit Parmesan bestreuen und bei Mittelhitze ein Stündchen im Ofen gratinieren, bis sich eine goldene knusprige Kruste bildet. Das herzhafte Auflaufgericht wird sofort aufgetragen.

Für die Polenta:
500 g feiner Maisgrieß

Für das Ragout:
1 Zwiebel
1 Stange Sellerie
1 Karotte
1 Liter Tomatensauce
300 g mageres Hackfleisch
Olivenöl
Peperoncino

Für die Béchamelsauce
50 g Butter
2 EL Weizenmehl
1/2 Liter Milch

Portionen: 6
Zubereitungszeit: 30'
Garzeit: 1h 30'+40'
Schwierigkeitsgrad: ●●●
Geschmacksrichtung: ●●●
Kcal (pro Portion): 917
Proteine (pro Portion): 33
Lipide (pro Portion): 36
Nährwert: ●●●

1 große rote Zwiebel
2 Karotten
1 Stange Sellerie
4 Kartoffeln
10 Zucchini
300 g Trockenbohnen
1 Bund Mangold
1 Wirsing
1 Lauchstange
1 Bund Blätter- oder anderer Kohl
Tomatenpüree
Landbrot (mind. 2 Tage alt)

Portionen:	**6**
Zubereitungszeit:	**20'+5-6h+24h**
Garzeit:	**1h 30'+40'**
Schwierigkeitsgrad:	**●●**
Geschmacksrichtung:	**●●**
Kcal (pro Portion):	**753**
Proteine (pro Portion):	**34**
Lipide (pro Portion):	**5**
Nährwert:	**●●●**

RIBOLLITA

Brot-Gemüsesuppe

Die aufgeweichten Bohnen läßt man sehr langsam köcheln und in einem Topf die aufgeschnittene Zwiebel anlaufen und gibt dann (außer Wirsing, Blätterkohl, Bohnen) alle kleingewürfelten Gemüse dazu. Wenn diese ihre Flüssigkeit ausgeschieden haben, gießt man mit warmem Wasser auf und mengt Wirsing und Blätterkohl (gehackt) darunter. Zugedeckt 1 Stunde bei mittlerer Hitze kochen, dann die Bohnen (die man teils ganz beläßt und teils passiert hat) zufügen und mit Salz und Pfeffer abschmecken. Leise weitere 20 Minuten brodeln lassen und 2 - 3 EL Tomatenpüree daruntermischen. Das altbackene Brot aufschneiden und in einen irdenen Topf schichtenweise mit der Gemüsesuppe füllen, sodaß sich das Brot gut ansaugt - einen Tag rasten lassen. Für den Gebrauch entnimmt man die gewünschte Menge der "ausgebrüteten" Suppe und erhitzt sie, oder, wie der Name besagt "kocht sie erneut".

Der Dom von Florenz, einmal anders anvisiert

RISO AGLI ASPARAGI

Spargelreis

300 g Reis
2 Bund Spargel
50 g Butter
50 g geriebener Parmesan

Portionen: 4
Zubereitungszeit: 15'
Garzeit: 40'
Schwierigkeitsgrad: ●●
Geschmacksrichtung: ●●
Kcal (pro Portion): 455
Proteine (pro Portion): 11
Lipide (pro Portion): 16
Nährwert: ●●

Der festgebundene Spargel wird in einem hohen engen Topf mit Deckel gebrüht (nicht gänzlich mit Wasser bedeckt, doch so, daß während der ca. 20 minütigen Kochzeit kein Dampf entweichen kann), dann abgegossen (Kochwasser aufbewahren) und in Scheiben geschnitten (nur der weiche Teil ohne Fäden).
In einer Pfanne Butter schmelzen und die Spargelstückchen unter häufigem Wenden sautieren. Den Reis in Salzwasser bißfest kochen und mit 1/2 Kelle Spargelsud in die Pfanne zum Spargel fügen, bis die Flüssigkeit verdunstet ist. Ein paar Minuten auf dem Feuer lassen und mit Käse bestreut anrichten.

RISOTTO AI CARCIOFI

Risotto mit Artischocken

300 g Reis
6 Artischocken
40 g Butter
200 g gekochter Schinken
1 Zwiebel
1 Zitrone
Parmesankäse
Passito-Likörwein
Petersilie

Portionen: 4
Zubereitungszeit: 20'
Garzeit: 40'
Schwierigkeitsgrad: ●●
Geschmacksrichtung: ●●
Kcal (pro Portion): 787
Proteine (pro Portion): 28
Lipide (pro Portion): 41
Nährwert: ●●●

Die Artischocken befreit man von den harten Außenblättten, schneidet sie in feine Scheiben und legt sie in eine Schüssel mit zitronengesäuertem Wasser. In der Butter läßt man die feingewiegte Zwiebel mit dem streifig geschnittenen Schinken langsam anlaufen, gibt die Artischocken dazu, röstet sie 10 Minuten mit und fügt dann den Reis und ein Glas Passito-Wein bei. Den Reis bei Mittelhitze glasieren und nach und nach mit heißem Wasser aufgießen (insgesamt ca. 3/4 Liter). Vor dem Anrichten reichlich geriebenen Parmesan und eine Handvoll gewiegte Petersilie daruntermengen.

TORTELLI DI PATATE

Täschchen mit Kartoffelfülle

Für den Teig wird in das gehäufte Mehl eine Mulde gedrückt, in die man die 5 ganzen Eier schlägt und langsam einarbeitet, bis die Masse glatt ist.
Dieser feine Nudelteig wird nun zu einer Kugel geformt, die man in ein Tuch einschlägt und zum Rasten beiseite stellt, während man die Farce bereitet.
Man kocht die Kartoffeln in der Schale (damit sie weniger Wasser aufsaugen) und hackt mittlerweile 2 Knoblauchzehen mit reichlich Petersilie, gibt die enthäutete, kleingewürfelte Tomate, reichlich Parmesan und eine Spur Muskatnuß dazu.
Diese Ingredienzen mit den geschälten und passierten Kartoffeln, Salz, Pfeffer und zuletzt mit einem zerklopften Ei innig vermengen.
Nun zieht man den Teig aus und schneidet ihn in 3 Finger breite Streifen.
Auf die Hälfte gibt man in gutem Abstand je nach Länge 5 oder 6 Löffel Fülle, legt einen Teigstreifen darauf, drückt die Ränder fest und schneidet Täschchen ab, die zum Rasten auf ein bemehltes Tuch gelegt werden.
Die Tortelli in reichlich Salzwasser kochen, kernig abgießen (vorher kosten, ob sie an der dicksten Stelle durch sind) und von einem guten Fleischragout und geriebenem Parmesan begleitet zu Tisch bringen.
Sie schmecken auch nur in Butter und Salbeiblättern sautiert sehr fein, und auch hier – wie in der Toskana üblich – geizt man nicht mit dem Käse.

Das Schloss von Poppi, im Casentino

Für den Teig:
500 g Mehl
5 Eier

Für die Fülle:
600 g Kartoffeln
100 g Parmesan
Muskatnuß
Knoblauch
Petersilie
1 vollreife Tomate
1 Ei

Portionen: 4-6
Zubereitungszeit: 40′+30′
Garzeit: 35′
Schwierigkeitsgrad: ●●●
Geschmacksrichtung: ●●●
Kcal (pro Portion): 810
Proteine (pro Portion): 39
Lipide (pro Portion): 20
Nährwert: ●●●

ZUPPA DI CECI E PANE AGLIATO

Kichererbsensuppe

300 g getrocknete Kichererbsen
ein Zweiglein Rosmarin
ungesalzenes Weißbrot
1 Scheibe Bauchspeck
Olivenöl

Portionen: 4
Zubereitungszeit: 20'
Garzeit: 1h 25'
Schwierigkeitsgrad: ●●
Geschmacksrichtung: ●●●
Kcal (pro Portion): 706
Proteine (pro Portion): 25
Lipide (pro Portion): 25
Nährwert: ●●●

Die Kichererbsen (die besten kommen aus Mexiko) läßt man mit einer Handvoll grobkörnigem Salz und 1 TL Natron zehn Stunden in 2 Liter kaltem Wasser aufquellen und kocht sie dann auf schwacher Flamme ca. 1 1/4 Stunden (bei der halben Kochzeit Speckscheibe dazugeben). Danach passiert man sie großteils durch ein Sieb (die Häutchen sollen vollkommen beseitigt werden) und stellt die ganz belassenen Kichererbsen zur späteren Verwendung beiseite. Man röstet die Brotscheiben, reibt sie beidseitig mit Knoblauch ein und würfelt sie. In einem Pfännchen läßt man die Rosmarinnadeln in 1 EL Öl aufzischen und gießt sie zur *Zuppa*, der auch die ganz belassenen Kichererbsen einverleibt wurden.
Die Suppe wird in tiefen Tellern angerichtet und mit etwas rohem Öl und den Brotwürfeln garniert (letztere aber maßvoll, denn die Suppe soll nicht allzu dick oder schwer werden).

ZUPPA DI FAGIOLI ALLA FIORENTINA

Bohnensuppe

300 g frische oder 200 g getrocknete Bohnen (*cannellini*)
200 g Blätterkohl (oder Wirsing)
4 vollreife Tomaten
1 Zwiebel
1 Karotte
1 Stange Staudensellerie
2 Knoblauchzehen
altbackenes Brot
Schinkenschwarte
ein Zweiglein Rosmarin
Olivenöl

Portionen: 4
Zubereitungszeit: 15′
Garzeit: 20′+40′
Schwierigkeitsgrad: ●●
Geschmacksrichtung: ●●●
Kcal (pro Portion): 705
Proteine (pro Portion): 30
Lipide (pro Portion): 18
Nährwert: ●●●

Zusammen mit der zerschnittenen Schinkenschwarte kocht man die Bohnenkerne in reichlich Wasser gar.

Währenddessen hackt man die Röstgemüse klein und läßt sie mit den Rosmarinnadeln in reichlich Öl andünsten; 1/2 Glas Wasser und die Tomaten beifügen und fertiggaren (40 Minuten wenn man frische, 2 Stunden wenn man getrocknete und vorher eingeweichte verwendet). Dreiviertel der Menge direkt in die Kasserolle mit den Gemüsen pürieren, die ganz belassenen Bohnen samt Sud und Schwarten beifügen und noch für 10 Minuten miteinander köcheln. In die Suppenterrine schichtet man die altbackenen (nach Belieben gerösteten) Brotscheiben, gießt die Bohnensuppe darauf und läßt vor dem Anrichten etwas durchziehen - man kann sie aber auch kalt servieren.

Auch diese Spielart der typischen Zubereitungen, in denen das feine Olivenöl und das salzlose Toskanerbrot zur Geltung kommen, kennt wiederum zahlreiche Variationen (z.B. Zugabe von Porree zum Röstgemüse) persönlich bevorzuge ich den an der Landsträßchen wuchernden wilden Thymian.

ZUPPA DI PANE

Brot-Minestrone

ein Schinkenknochen
400 g Wirsing
3 Zucchini
400 g Brot
200 g Kartoffeln
Zwiebeln, Karotten, Sellerie, Petersilie und Basilikum
600 g frische oder 300 g trockene rote Bohnen (*borlotti*)
200 g Tomaten
Olivenöl

Portionen: 4
Zubereitungszeit: 20′
Garzeit: 1h 40′
Schwierigkeitsgrad: ●●
Geschmacksrichtung: ●●●
Kcal (pro Portion): 598
Proteine (pro Portion): 20
Lipide (pro Portion): 13
Nährwert: ●●

Der Schinkenknochen (oder 50 g Speck) und die Zwiebel wird mit 6 EL Öl in einem Topf angeröstet, dann alle anderen gewürfelten Gemüse samt Basilikum und Petersilie zugeben und leise dünsten lassen.
Separat kocht man die Bohnen in reichlich Wasser (40 Minuten wenn frisch, 2 Stunden und besonders langsam, wenn getrocknet) und passiert dann den Großteil.
Bohnensud, dann auch die passierten sowie die ganz belassenen Bohnen und den streifig geschnittenen Wirsing in den Topf zum Schinkenknochen füllen, 1/2 Stunde zusammen köcheln und zum Schluß die vollreifen Tomaten beigeben.
Nach zirka einer Viertelstunde müßte der Eintopf fertig sein.
Man serviert ihn heiß auf gerösteten Brotscheiben und würzt mit einem "C" rohen Olivenöls, auf echte toskanische Art.

ZUPPA DI PISELLI ALL'OLIO

Erbsensuppe

20 weiße kleine Zwiebeln
2 Tassen Bouillon
1 kg ausgepulte frische Erbsen
Petersilie
altbackenes Weißbrot
Olivenöl

Portionen: 4
Zubereitungszeit: 15′
Garzeit: 50′+10′
Schwierigkeitsgrad: ●●
Geschmacksrichtung: ●●
Kcal (pro Portion): 581
Proteine (pro Portion): 26
Lipide (pro Portion): 11
Nährwert: ●●

In einer Kasserolle läßt man die Zwiebelchen in 4 EL Öl glasig anlaufen, fügt eine Kelle Bouillon unter Umrühren dazu und wenn die Zwiebeln sich zu bräunen beginnen, die Erbsen, etwas gehackte Petersilie und wieder etwas Brühe. Brot würfeln und in 2 EL Öl bräunen. Nach etwa 3/4 Std. Kochzeit schmeckt man die Suppe mit Salz und Pfeffer ab, mischt rasch die Brotwürfel darunter und serviert sie heiß, wobei man jede Portion mit etwas frischer Petersilie garniert.

FLEISCH UND WILDGERICHTE

3

ARISTA AL FORNO

Schweinerücken, im Ofen gebraten

1.500 kg Schweinerücken (Kotelettstrang)
2-3 Knoblauchzehen
1 Rosmarinzweiglein
Olivenöl
Pfefferkörner

Portionen:	6
Zubereitungszeit:	15′
Garzeit:	2h ca.
Schwierigkeitsgrad:	●
Geschmacksrichtung:	●●●
Kcal (pro Portion):	372
Proteine (pro Portion):	40
Lipide (pro Portion):	23
Nährwert:	●●

Man wählt ein Rückenstück mit Knochen, Speckschicht und Kontrefilet (die Knochen erschwierigen zwar das Aufschneiden, sind jedoch für die Entfaltung der Geschmacksfülle unentbehrlich), das man mit einer Mischung aus gehacktem Rosmarin, Knoblauch, Salz und Pfeffer gründlich einreibt (nach Belieben kann man auch Pfefferkörner in kleine Einschnitte in der Fettschicht eindrücken).
Den Rücken in einer Bratenform mit Öl übergießen und etwa 2 Stunden braten. In den austretenden Saft kann man bei 3/4 Kochzeit Kartoffeln, aber auch weiße Rübchen, Kraut, Spinat u.ä. zur Beilage mitbraten. Ein Festtagsgericht, das - dünn aufgeschnitten - auch kalt sehr fein zu einem guten Roten schmeckt.

BRACIOLE DI MAIALE COL CAVOLO NERO

Schweinskoteletten mit Blätterkohl

Kohl von den harten Stielen streifen, waschen und in kochendem Salzwasser ca. 20 Minuten kochen. Gut abtropfen und feinwiegen.
Die Koteletten mit der feingehackten Zwiebel und dem Knoblauch in 4 EL Öl beidseitig anbräunen, mit dem Rotwein ablöschen und 1/4 Stunde bei schwacher Hitze dünsten.
Fleisch herausnehmen, Kohl im Bratensaft wenden, das Fleisch wieder beifügen und 10 Minuten unter häufigem Wenden garen. Mit Salz und Pfeffer abschmecken und zu Tisch bringen.
Variante: anstatt des Blätterkohls verwendet man Rapssprossen oder Brokkoli, die man bevor man sie zum Fleisch fügt, kurz in heißem Wasser überbrüht und zerkleinert hat.
Als Begleitung dieses typischen Wintergerichtes eignet sich ein ausgeprägt körperreicher Rotwein.

4 Schweinskoteletten zu je ca. 150 g
2-3 Bund Blätterkohl (oder Wirsing)
1 rote Zwiebel
2 Knoblauchzehen
1 Glas leichter Rotwein
schwarze Pfefferkörner
Olivenöl

Portionen: 4
Zubereitungszeit: 20'
Garzeit: 50'
Schwierigkeitsgrad: ●●
Geschmacksrichtung: ●●●
Kcal (pro Portion): 392
Proteine (pro Portion): 32
Lipide (pro Portion): 21
Nährwert: ●●

BRACIOLE DI VITELLA AI CARCIOFI

Kalbskoteletten mit Artischocken

Man entfernt die harten Außenblätter und zupft das "Heu" aus den Artischocken. Dann legt man sie in eine Schüssel mit zitronengesäuertem Wasser.
Das Fleisch leicht klopfen und in dem mit einer Prise Salz gewürzten geschlagenen Ei ruhen lassen, während man die Artischocken in feine Lamellen schneidet.
Die Koteletten werden zur Hälfte mit etwas Käse und den Artischockenrondellen belegt, taschenförmig zugeklappt, gut angedrückt und erst im Ei, dann im Paniermehl gedreht.
Bei mittlerer Hitze mit Butter und je einer Prise Salz und Pfeffer 1/4 Stunde auf beiden Seiten braten (mit Vorsicht wenden).
Sofort heiß, mit Zitronenspalten und Petersilie garniert servieren. Ein Feinschmeckergericht, durch die Artischockenaromen ein wahres Gedicht!

4 Kalbskoteletten ohne Knochen vom Karree
8 kleine, mürbe Artischocken
1 kleine Zitrone
2 Eier
50 g Paniermehl
100 g Butter
80 g Fontina-Schmelzkäse

Portionen: 4
Zubereitungszeit: 30'
Garzeit: 15'
Schwierigkeitsgrad: ●●
Geschmacksrichtung: ●●
Kcal (pro Portion): 724
Proteine (pro Portion): 40
Lipide (pro Portion): 50
Nährwert: ●●●

CAPPONE ALLA FIORENTINA

Kapaun auf Florentinerart

1 Kapaun von ca. 3 kg
1 mittelgroße Zwiebel
1 Karotte
1 Stange Sellerie
1 Prise wilder Thymian
eine Spur Knoblauch
2 Scheiben Rohschinken
1 Lorbeerblatt
1 Glas Vinsanto
1/2 Liter Tomatensauce
1/2 Liter Brühe
altbackenes Weißbrot
2 nussgroße Butterstücke
Olivenöl

Portionen: 6
Zubereitungszeit: 30′
Garzeit: 2h ca
Schwierigkeitsgrad: ●●●
Geschmacksrichtung: ●●
Kcal (pro Portion): 876
Proteine (pro Portion): 49
Lipide (pro Portion): 43
Nährwert: ●●●

Den küchenfertigen und sorgfältig abgesengten Kapaun spickt man mit Knoblauch, Thymian, Lorbeer und etwas Salz, bindet Schenkel und Flügel fest und legt ihn in einen Kochtopf zu gehackter Zwiebel, Karotte und Sellerie, 1 nußgroßen Stück Butter und 6 EL Olivenöl. Auf lebhafter Flamme andünsten, dabei öfters mit dem eigenen Saft und mit der Brühe (auch aus Bouillonwürfel) aufgießen. Den Kapaun 1/2 Stunde kochen und mitunter das Kochgefäß rütteln, damit er sich nicht anlegt. Dann den nudelig geschnittenen Rohschinken mitdünsten, Tomatensauce beigeben und pfeffern und salzen (in Maßen, da der Schinken selbst Salz abgibt). Eineinhalb Stunden leise köcheln. Fond verkosten und nach Geschmack mit Vinsanto "korrigieren". Man serviert den Kapaun entweder im Ganzen auf einer schönen Vorlegeplatte für festliche Anlässe, oder in Stücke geteilt auf großen gerösteten Brotcroûtons, die man mit der Sauce tränkt, welche man nach dem Herausnehmen des Geflügels aufgekocht und nötigenfalls mit einer halben Tasse Bouillon verdünnt hat.

Heute kommt der Kapaun selten, fast ausschließlich zum Weihnachtsfest auf den Tisch, auch aufgrund seiner Dimensionen, die eher für eine größere Tafelrunde geeignet scheinen.

CAPPONE IN AGRODOLCE

Süßsaurer Kapaun

1 kleiner Kapaun
200 g Walnußkerne
200 g entsteinte Trockenpflaumen
100 g getrocknete Feigen
100 g entsteinte grüne Oliven
2.5 dl saure Sahne
2 Glas Vinsanto
1 EL Essig
150 g Butter
10 g Gewürznelken
Salz und Pfeffer

Portionen: 4-6
Zubereitungszeit: 30'
Garzeit: 1h 35'
Schwierigkeitsgrad: ●●●
Geschmacksrichtung: ●●
Kcal (pro Portion): 1271
Proteine (pro Portion): 41
Lipide (pro Portion): 99
Nährwert: ●●●

Kapaun absengen, waschen, ausnehmen, Kopf und Füße entfernen.
Trockenfrüchte kleinhacken, Walnußkerne und grüne Oliven von Hand zerkrümeln und alles mit Salz, Pfeffer und Gewürznelken gut vermischen. In den Kapaun füllen und zunähen.
In einer großen Kasserolle läßt man die Butter mit Vinsanto und sauer Sahne schmelzen, legt den Kapaun dazu und dünstet ihn zugedeckt bei Mittelhitze 1 1/2 Stunden.
Nur einmal wenden, doch öfters mit seinem Saft begießen (falls notwendig, einige Löffel Vinsanto und warmes Wasser dazugeben).
Wenn der Kapaun weich ist, auf einer Platte eine 1/4 Stunde abkühlen lassen, bevor man ihn in Portionen geteilt mit der Sauce serviert (auf lebhafter Flamme Bratensatz abkratzen und in letzter Sekunde einen Löffel Essig befügen), in der die süßen und die säuerlichen Geschmackselemente dem Gaumen schmeicheln.

In dieser weihnachtlichen Delikatesse verbinden sich die nicht alltäglichen Geschmacksnuancen - saure Sahne und Trockenfrüchte - zu harmonischer Frische, eine willkommene Abwechslung zur gekochten "normalen" Version.

Ein Lieblingsgericht meines Großvaters Luigi, ein passionierter Jäger der zum Städter wurde und es sich von der Großmama zu Feiertagen wünschte. Letztere stammte aus der Romagna, was sich kulinarisch in einer Prise Muskatnuss widerspiegelte, die sie im letzten Augenblick delikat daruntermengte.

CONIGLIO ALLA CACCIATORA

Kaninchen nach Jägerart

ein ca. 1 1/2 kg schweres Kaninchen
Zwiebel, Karotte, Sellerie
Weißwein
4 reife Tomaten
schwarze Oliven mit Knoblauchwürze
Weizenmehl
Olivenöl

Portionen: 4
Zubereitungszeit: 20'
Garzeit: 50'
Schwierigkeitsgrad: ●●
Geschmacksrichtung: ●●●
Kcal (pro Portion): 345
Proteine (pro Portion): 26
Lipide (pro Portion): 18
Nährwert: ●

Das gewaschene Kaninchen in Stücke teilen und bemehlen. Röstgemüse mit 4 EL Öl gelb anlaufen lassen, die Fleischstücke (ohne Leber, die anderweitig Verwendung findet) beifügen, mit dem Wein ablöschen und 10 Minuten bei Mittelhitze unter öfterem Wenden anbraten. Zerstückelte Tomaten und Oliven dazugeben, mit Salz und Pfeffer abschmecken und auf mäßiger Flamme 40 Minuten garen.

Coniglio alla contadina

Kaninchen nach Bauernart

Man läßt in einem Topf in 4 EL Öl die gehackte Zwiebel und den Knoblauch gelb anlaufen, gibt dann das zerstückelte Kaninchenfleisch samt der Leber dazu, stellt die Flamme hoch und löscht mit dem Weißwein ab.
Sobald dieser verdunstet ist, Hitze reduzieren und ca. 1/4 Stunde zugedeckt köcheln lassen.
Dann die gehäuteten und kleingeschnittenen Tomaten, Rosmarin und nach Belieben und Saison auch 5-6 Basilikumblätter beifügen, mit Salz und Pfeffer abschmecken.
Etwa 20 Minuten garen und wenn notwendig nach und nach mit Gemüsebrühe aufgießen. Wie schon der Namen besagt, ein herzhaft bäuerliches Gericht.

1 1/2 kg Kaninchen
1 rote Zwiebel
1/2 kg vollreife Tomaten
Rosmarin
2 Knoblauchzehen
Weißwein
Gemüsebrühe
Olivenöl

Portionen: 4
Zubereitungszeit: 20′
Garzeit: 50′
Schwierigkeitsgrad: ●●
Geschmacksrichtung: ●●●
Kcal (pro Portion): 417
Proteine (pro Portion): 46
Lipide (pro Portion): 22
Nährwert: ●●

FAGIANO ALLA FIORENTINA

Fasan auf Florentinerart

ein etwa 1,3 kg schwerer Fasan
150 g fetter Bauchspeck
Salbei
Olivenöl

Portionen: 4
Zubereitungszeit: 20′
Garzeit: 45′
Schwierigkeitsgrad: ●●
Geschmacksrichtung: ●●
Kcal (pro Portion): 558
Proteine (pro Portion): 48
Lipide (pro Portion): 40
Nährwert: ●●

Fasan innen und äußerlich mit Salz und Pfeffer einreiben, mit dem Speck umwickeln und gut mit Küchenspagat festbinden. Im vorgeheizten Ofen mit 4 EL Öl mindestens 40 Minuten braten und dabei öfters mit dem Bratensaft begießen, damit er nicht austrocknet. Nach dem Garen Bindfaden und den Speck entfernen (der zerschnitten in den Bratenfond zurückkommt) und portionsgerecht teilen. Mit der Sauce begossen heiß servieren.

Meist sind die Fasane bereits gut abgehangen und ausgenommen. Wenn es sich um eine frische Jagdbeute handelt, nimmt man die Innereien aus, läßt den Fasan eine Woche lang abhängen (dadurch entwickelt das Fleisch den feinen Wildgoût) und macht sich dann an die Geduldsarbeit des Rupfens... Füße und Kopf abtrennen, absengen und in Essigwasser waschen - nun ist das Wildgeflügel küchenfertig. Dieses Rezept verwandelt durch das Umwickeln mit dem Speck auch einen Hahn (bekanntlich viel zäher als die Henne) in ein weiches, zartes Gedicht.

Fegatelli di maiale

Schweineleber-Spieße

600 g Schweineleber
200 g Schweinenetz
Lorbeerblätter
Lorbeerzweige als Spießchen
Weizenbrot in Scheiben
Olivenöl

Portionen: 4
Zubereitungszeit: 30′
Garzeit: 20′
Schwierigkeitsgrad: ●
Geschmacksrichtung: ●●●
Kcal (pro Portion): 1035
Proteine (pro Portion): 40
Lipide (pro Portion): 67
Nährwert: ●●●

Schweinenetz in lauem Wasser aufweichen. Die Leber in ca. 5 cm-Würfel schneiden und in einer Mischung aus gehacktem Lorbeerblatt, Salz und Pfeffer wälzen. Schweinenetz in Quadrate schneiden, die Leberwürfel darin einwickeln. Auf die vorbereiteten, ca. 20 cm langen Spießchen aus Lorbeerzweigen abwechselnd einen Leberwürfel, ein Lorbeerblatt, eine Brotscheibe (möglichst viel Kruste) usw. aufreihen. Die Spießchen mit 5 EL Öl in ein ofenfestes Geschirr legen, mit einer Prise Salz bestreuen und bei Mittelhitze 20 Minuten braten.

Hierbei gilt es, die Garzeit besonders zu überwachen, ein Zulang im Rohr macht die fegatelli hart! Wenn man Spießchen aus Lorbeerzweigen benützt, dringt der würzige Duft auch in das Fleischinnere. Zum Brot: man kann zwar jede beliebige Art dazu verwenden, ideal ist und bleibt aber das toskanische Weißbrot, das fest, mit guter Kruste, vor allem aber salzlos ist. Das bedeutet, daß es alle Feinheiten der Würze zur Geltung kommen läßt, ohne sie zu modifizieren.

La Bistecca

Das echte Florentiner Steak

Lendensteak, 800 g
Salz und frisch gemahlener Pfeffer

Portionen: 4
Zubereitungszeit: 5′
Garzeit: 10′
Schwierigkeitsgrad: ●
Geschmacksrichtung: ● ●
Kcal (pro Portion): 400
Proteine (pro Portion): 48
Lipide (pro Portion): 23
Nährwert: ● ●

Das Steak mindestens 2 Stunden vorher aus dem Kühlschrank nehmen. Holzkohlengrill in "Heißglut" versetzen, doch darf die Glut weder lodern noch rauchen. Die Bistecca auf den heißen Rost legen und ca. 5 Minuten grillieren, bis sich eine Kruste bildet. Mit einer Zange wenden (nie mit der Gabel einstechen!) und auch die andere Seite bräunen: das Steak darf nur an der Außenseite Farbe annehmen und muß innen "saignant" (blutig) oder mindestens "à point" (rosa-saftig) bleiben. Erst jetzt salzen und mit frisch gemahlenem Pfeffer bestreuen und sofort anrichten. Als Begleitung serviert man frischen grünen Salat oder Toscanelli-Bohnen in Ölwürze.

Chianina-Rinder auf der Weide

Erfolgsbasis für die Bistecca (wie man das - während der "Autarchie" als Karbonade bekannte - Fleischstück nach dem englischen "beef-steak" nennt) bleibt zweifellos gekonntes Grillieren, ausschlaggebend aber ist die Fleischqualität: in der Toskana das rare weiße Chianarind mit ausladenden Hörnern, anderswo andere Rinderrassen.
Wichtig sind naturnahhe Zuchtmethoden ebenso wie das Format des Steaks: mindestens 2 Finger hoch, "T"-förmiger Knochen und aneinandergewachsenes Filet und Kontrefilet.
Doch hier muß ich Sie warnen, denn außerhalb von Florenz wird einem nicht selten ein Kotelett oder ein großes Rindsschnitzel als "echtes Florentiner Steak" vorgesetzt - banale "Sonntags-maler" anstelle alter Meister in den Uffizien!

FRICASSEA RUSTICA

Rustikales Frikassee

800 g Kalbsmuskel
Petersilie
2 Knoblauchzehen
trockener Weißwein
2 Eigelb
1 Zitrone
100 g Butter
Olivenöl

Portionen: 6
Zubereitungszeit: 20′
Garzeit: 1h 30′
Schwierigkeitsgrad: ●●
Geschmacksrichtung: ●●
Kcal (pro Portion): 720
Proteine (pro Portion): 45
Lipide (pro Portion): 59
Nährwert: ●●●

Das gewürfelte Kalbfleisch bei Mittelhitze in 3 EL Öl und in der Butter mit Knoblauch und Petersilie (gebunden, damit sie leichter zu entfernen ist) 20 Minuten bei öfterem Begießen mit Weißwein dünsten, Petersilie und Knoblauch herausnehmen und für eine weitere Stunde garen (falls nötig, mit heißem Wasser aufgießen), danach das Fleisch herausheben (das weich, doch nicht mehr *saignant* ist. Das Eigelb mit dem Saft der Zitrone verrühren und vom Herd entfernt unter den Fleischfond mischen, notfalls mit einigen Tropfen warmen Wasser binden. Das Fleisch mit der Sauce überziehen und servieren.

Manche fügen bei halber Kochzeit aufgeweichte und gehackte getrocknete Pilze dazu, womit ich durchaus einverstanden bin, doch dürfen es ausschließlich Steinpilze sein, deren feiner Duft Akzente setzt.

INSALATA DI TRIPPA

Kuttel-Salat

500 g Kutteln
1 weiße Zwiebeln
eine Handvoll schwarze Oliven
1 Handvoll pikante Oliven
1/2 rote Paprikaschote
Petersilie
2 Zitronen
Olivenöl

Portionen: 4
Zubereitungszeit: 15′
Schwierigkeitsgrad: ●
Geschmacksrichtung: ●●●
Kcal (pro Portion): 302
Proteine (pro Portion): 21
Lipide (pro Portion): 22
Nährwert: ●

Dazu kommen dicke weiße Kaldaunen zur Verwendung (vorgekocht kaufen), die man kurz wäscht und in fingerbreite, oder beliebig dünnere Streifen schneidet. In einer Salatschüssel gut mit den grobgehackten entsteinten Oliven, dem nudelig geschnittenen Peperone, Zwiebelrondellen und gehackter Petersilie vermengen und mit Salz, Pfeffer, Öl und Zitronensaft abschmecken.

Ein besonders im Sommer beliebter kalter Salat, dem man nach Belieben und Geschmack andere Zutaten beifügen kann, die milde (z. B. Tomatenscheiben, in Öl eingelegte Artischocken) oder würzige Akzente setzen (ganze oder zerpflückte Basilikumblätter anstelle der Petersilie, usw.).

LESSO RIFATTO

Gedünstetes Rindfleisch

500 g gekochtes Rindfleisch
2 weiße Zwiebeln
300 g gehäutete Tomaten
einige Basilikumblätter
etwas Salbei
Olivenöl

Portionen: 4
Zubereitungszeit: 10'
Garzeit: 25'
Schwierigkeitsgrad: ●
Geschmacksrichtung: ●●●
Kcal (pro Portion): 275
Proteine (pro Portion): 19
Lipide (pro Portion): 19
Nährwert: ●

Die sehr feingehackte Zwiebel läßt man in 4 EL Olivenöl ohne Salz zugedeckt glasig dünsten, ohne daß sie Farbe annimmt.
Wenn die Zwiebeln weich sind, fügt man die abgetropften zerschnittenen Tomaten, etwas gehacktes Basilikum und 3 ganze Salbeiblätter hinzu. 10 Minuten bei Mittelhitze köcheln.
Das blättrig aufgeschnittene Siedfleisch dazugeben, und den Sugo kurz auf lebhafter Flamme eindicken lassen. Erst jetzt salzen und pfeffern und mit der Sauce bedeckt anrichten.

Die "Skyline" von San Gimignano

PEPOSO

Gepfefferter Schmortopf

500 g Muskelfleisch vom Rind
6 Knoblauchzehen
3 vollreife Tomaten
4 Scheiben geröstetes Weißbrot
Salz und Pfeffer

Portionen: 4	
Zubereitungszeit: 10′	
Garzeit: 2-3h	
Schwierigkeitsgrad: ●●	
Geschmacksrichtung: ●●●	
Kcal (pro Portion): 345	
Proteine (pro Portion): 25	
Lipide (pro Portion): 10	
Nährwert: ●	

Das gewürfelte Gulaschfleisch mit dem gehackten Knoblauch und den gehäuteten, grobzerschnittenen Tomaten in eine hohe Kasserolle legen, salzen und sehr großzügig pfeffern (auch einige Pfefferkörner dazugeben - das Gericht soll seinem Namen - wörtlich "Gepfeffert" Ehre machen!)
Mit kaltem Wasser bedecken und ganz langsam 2 - 3 Stunden schmoren lassen; ab und zu umrühren und falls nötig, warmes Wasser zugießen. Heiß auf gerösteten Brotscheiben anrichten.
Das Fleisch soll stets in etwas Saft köcheln, also wird man, wenn dieser verdunstet, mit warmem Wasser nachgießen.

Markttag in Impruneta

Hast in der Küche im allgemeinen und bei Schmor- und Eintopfgerichten im besonderen wird nie gute Ergebnisse zeitigen; im speziellen Fall wird man besondere Geduld verwenden müssen.

Denn der historische Ursprung dieses "Pfeffergulaschs" ist mit den Ziegelbrennern von Impruneta verbunden, die ihre Nächte mit der Überwachung der Holzkohlenöfen verbrachten, in denen Gefäße aus dem berühmten "Cotto" gebrannt wurden und die das Nützliche mit dem Angenehmen - einem anregenden, feurigen Gericht - verbanden.

Es dauerte seine 6 - 8 Stunden, bis der Schmortopf vor der Ofenöffnung fertiggegart war.

POLLO ALLA DIAVOLA

"Teufelshuhn"

1,2 kg schweres Poulet
Salbeiblätter
1 Zitrone
Olivenöl

Portionen: 4
Zubereitungszeit: 15′
Garzeit: 30′
Schwierigkeitsgrad: ●
Geschmacksrichtung: ●●
Kcal (pro Portion): 440
Proteine (pro Portion): 38
Lipide (pro Portion): 32
Nährwert: ●●

Das Poulet ausnehmen, Kopf und Füße abtrennen, absengen und waschen. In der Rückenmitte der ganzen Länge nach aufschneiden, flachdrücken und mit Salz, Pfeffer und reichlich gehacktem Salbei würzen. Mit Öl und Zitrone bepinseln und auf lebhaftem Holzkohlenfeuer beidseitig je eine Viertelstunde unter häufigem Bepinseln knusprig braten und heiß mit Pommes Frites servieren.

1 Poularde, ca. 1,2 kg
5 Salbei und Rosmarin
2 Zitronen
2 Knoblauchzehen
Olivenöl

Portionen: 4
Zubereitungszeit: 15′
Garzeit: 30′
Schwierigkeitsgrad: ●
Geschmacksrichtung: ●●●
Kcal (pro Portion): 440
Proteine (pro Portion): 38
Lipide (pro Portion): 32
Nährwert: ●●

POLLO AL MATTONE ▸

Huhn unter Dach

Das Huhn wird ausgenommen, Füße und Kopf abgetrennt, gewaschen und abgesengt, dann dem Brustknochen entlang buchartig aufgeschnitten und wie im vorhergehenden Rezept flach geklopft. Mit den feingehackten Kräutern (und eventuell nach Belieben mit zwei zerdrückten Knoblauchzehen) die Poularde einreiben und mit Öl bepinseln.
Auf dem Rost über lebhafter Glut mit einem Ziegelstein beschwert eine halbe Stunde lang knusprig braten, dabei öfters wenden und mit gesalzenem, gepfefferten Öl bepinseln (immer wieder den Ziegel auflegen!).
Bevor das Hühnchen serviert wird, reichlich mit Zitronensaft beträufeln.

POLLO FRITTO

Ausgebackenes Huhn

1 Poularde, ca.1,2 kg
3 Eier
150 g Mehl
Olivenöl

Portionen: 4
Zubereitungszeit: 15'+20'
Garzeit: 20' ca
Schwierigkeitsgrad: ●●
Geschmacksrichtung: ●●
Kcal (pro Portion): 753
Proteine (pro Portion): 44
Lipide (pro Portion): 28
Nährwert: ●●●

Das vorbereitete Huhn wird in Stücke geteilt, die man in den mit einer Prise Salz verrührten Eiern ca. 20 Minuten in einer Schüssel rasten läßt und des öfteren darin wendet.
Vor dem Ausbacken vermengt man das Mehl gut mit der Eimischung - die Fleischstücke sollen vollkommen in den Teig gehüllt sein.

Reichlich gutes Olivenöl in einer großen Pfanne erhitzen und die Poulardestücke 20 Minuten goldgelb ausbacken, erst bei mäßiger und gegen Ende bei lebhafter Flamme.
Gut abtropfen lassen und mit Zitronenvierteln garniert unverzüglich zu Tisch bringen.

POLLO ALLA CACCIATORA ▸

Poulet nach Jägerart

ein Hühnchen, ca. 1,2 kg
1 Zwiebel
1 Karotte
1 Stange Sellerie
4 reife Tomaten
1 Handvoll schwarze Oliven mit Knoblauchwürze
Mehl
Olivenöl

Portionen: 4
Zubereitungszeit: 15'
Garzeit: 50'
Schwierigkeitsgrad: ●●
Geschmacksrichtung: ●●●
Kcal (pro Portion): 598
Proteine (pro Portion): 45
Lipide (pro Portion): 39
Nährwert: ●●

Das bratfertige Poulet in Stücke teilen (ca. 12, wenn das Hühnchen sehr fleischig ist) und in Mehl wenden.
Gehackte Röstgemüse mit 4 EL Öl hellgelb andünsten, die Pouletstücke einlegen und kurz auf lebhafter Flamme auf allen Seiten anrösten, dann die Hitze reduzieren, die zerstückelten Tomaten und die Oliven zufügen.
Wenn die Würze gut legiert scheint, mit Salz und Pfeffer abschmecken und 40 Minuten lang dünsten, wobei man ab und zu vorsichtig umrührt.

Dem Gericht fügt man nicht selten aufgeweichte Trockenpilze bei, doch bleibt meiner Ansicht nach bei der traditionellen Zubereitung der zarte Geschmack des Hühnchens besser erhalten.
Über den Ursprung des Rezept-Namens kann ich Sie allerdings nicht aufklären (können Sie sich zünftige Jäger vorstellen, die Zeit und Geduld für ähnliche Delikatessen aufbringen?), es handelt sich jedenfalls um ein relativ unkompliziertes und in Florenz und in der Toskana sehr beliebtes Gericht, da man die Zutaten meist verfügbar hat und auch kein besonderer Zeitaufwand erforderlich ist für diese appetitliche und gleichzeitig bekömmliche Speise.

Würste mit Bohnen, ein herzhaft würziges, durch die aromatischen Elemente Salbei, Knoblauch und Tomaten gemildertes, anregendes Gericht, wärmt uns an kühlen Winterabenden, und kann im Sommer als pièce de résistance mit Wurst- und Käseplatten zu einem kalten Buffet angeboten werden.

SALSICCE E FAGIOLI

Schweinswürste mit Bohnen

400 g weiße Bohnenkerne (*cannellini*)
5 Schweinswürste mit Knoblauchwürze
Salbeiblätter
1/2 Liter Tomatensauce
3 Knoblauchzehen
Olivenöl

Portionen: 4
Zubereitungszeit: 15'
Garzeit: 30'+40'
Schwierigkeitsgrad: ●●
Geschmacksrichtung: ●●●
Kcal (pro Portion): 1082
Proteine (pro Portion): 54
Lipide (pro Portion): 73
Nährwert: ●●●

Frische Bohnen werden 40 Minuten, getrocknete nach 2-stündigem Einweichen 2 Stunden lang gekocht. Die Würste auf allen Seiten anstechen, damit sie auch innen garen und mit 2 Knoblauchzehen und etwas Salbei langsam rösten - sie sollen knackig, nicht gesotten sein. Nun gießt man die Tomatensauce dazu, schmeckt mit Salz und Pfeffer ab und läßt die Würste für 10 Minuten auf schwacher Flamme in der Sauce ziehen. Danach fügt man die abgetropften Bohnen bei und läßt alles zusammen kurz dünsten.

Brunello di Montalcino reift langsam im Fasskeller

SALSICCE E UVA

Schweinswürste mit Weintrauben

6 magere Schweinswürste, mit Knoblauch gewürzt
1 dunkle Weintraube
50 g Butter
1 Glas Rotwein

Portionen: 4
Zubereitungszeit: 10'
Garzeit: 15'
Schwierigkeitsgrad: ●●
Geschmacksrichtung: ●●
Kcal (pro Portion): 986
Proteine (pro Portion): 35
Lipide (pro Portion): 88
Nährwert: ●●●

Die Würste schneidet man in Stücke (für solche aus Wildschweinfleisch braucht man ca. 10 Stück und muß Wasser zur Butter geben) und lässt sie in einer Pfanne in der Butter 10 Minuten auf mittlerer Flamme rösten. Wein und Weinbeeren beifügen und nach kurzem Aufkochen heiß anrichten.

Während der Weinlese duftete es früher in der Campagna stets unmißverständlich nach dieser symbolischen Vermählung der letzten und der frischen Weinernte; auf den Holztischen unter der Loggia verströmten die dampfenden Würste und die im Wein glasierten Beeren verlockende Gerüche: Herbstmagie der Vergangenheit!

SPIEDINI ALLA FIORENTINA

Spießchen auf Florentinerart

300 g Schweinsleber
200 g Schweinskarree
100 g Schweinenetz
3 Knoblauchwürste
altbackenes Brot
Salbei und Lorbeer
Olivenöl

Portionen:	**4**
Zubereitungszeit:	**30'**
Garzeit:	**30'+10**
Schwierigkeitsgrad:	**●**
Geschmacksrichtung:	**●●●**
Kcal (pro Portion):	**881**
Proteine (pro Portion):	**44**
Lipide (pro Portion):	**71**
Nährwert:	**●●●**

Das gewaschene und in lauwarmem Wasser aufgeweichte Schweinenetz wird in größere Quadrate geschnitten, in die man die etwa 5 cm breiten Leberwürfel wickelt; Würste und Schweinefleisch ebenfalls in nicht zu kleine Stücke schneiden.
Das Brot (möglichst ein Wecken mit dicker Rinde, es soll sich mit Fett ansaugen und ist zum Ende ein knuspriger Leckerbissen) scheibeln und abwechseln Brot, ein Lorbeerblatt, Leber, Salbeiblatt, Brot, Lorbeer, Schweinefleisch, Salbei, Brot, Wurst, usw. auf Spießchen reihen, pfeffern und sparsam salzen.
Die Spießchen unter häufigem Bepinseln mit Öl am Kaminfeuer oder im Ofen bei schwacher Hitze grillieren.
Man kann sie auch im Backrohr in einem leicht mit ganz wenig feinem Olivenöl ausgeschmierten Backgeschirr braten und salzt und pfeffert erst, wenn man die Spießchen bei halber Garzeit wendet. Sofort zu Tisch bringen.

In der Vergangenheit waren die Spieße reichlicher und auch mit verschiedenen Wildvogelarten bestückt. Zu meinen Kindheitserinnerungen zählen die Festschmause, die zu Ehren der weidmännischen Kumpane des Großvaters nach der Rückkehr von einer erfolgreichen Jagdpartie stattfanden - langsam drehten sich die großen Spieße vor dem malerischen Kaminfeuer, das Fett tropfte zischend in die heiße Glut, die Männer woben ihr Garn in der Erwartung, den Preis für die langen Streifzüge in den herbstlich gekleideten Wäldern zu genießen...

STUFATO DI VITELLA CON I FUNGHI

Geschmortes Kalbfleisch mit Pilzen

500g Kalbsmuskel
1 kleine Zwiebel
2 Knoblauchzehen
etwas Poleiminze
300 g frische Steinpilze
1/2 Liter Tomatensauce
1 Glas Gemüsebouillon
Olivenöl

Porzioni: 4
Zubereitungszeit: 25'
Garzeit: 45'
Schwierigkeitsgrad: ●●
Geschmacksrichtung: ●●●
Kcal (pro Portion): 368
Proteine (pro Portion): 28
Lipide (pro Portion): 23
Nährwert: ●

Zwiebel und Knoblauch werden feingehackt und mit 4 EL Öl in einer Kasserolle gelbfarben angedünstet. Das Fleisch etwa nussgroß würfeln, zum Röstgemüse geben und 5 Minuten auf lebhaftem Feuer bei häufigem Wenden rösten, mit Bouillon ablöschen und auf sehr kleiner Flamme 20 Minuten schmoren lassen.
Inzwischen werden die Pilze sorgfältig gesäubert und samt der Stiele in Lamellen geschnitten, die mit der Tomatensauce und etwas Minze zum Kalbsgulasch gemengt werden. Alles bei Mittelhitze weitere 20 Minuten kochen und heiß servieren.
Vorher zur Garprobe das Fleisch mit einer Gabel anstechen, das ganz weich sein soll, andernfalls läßt man es, eventuell mit einigen Löffeln Brühe, noch etwas auf dem Herd.
Eine auch farblich reizvolle Beilage stellt eine nicht zu fest bereitete Polenta dar.

TRIPPA ALLA FIORENTINA ▸

Kutteln nach Florentinerart

1 kg Kutteln
2 rote Zwiebeln
2 Karotten
1 Stange Sellerie
$^1/_2$ kg Pelati (enthäutete Dosentomaten)
Parmesan
Olivenöl

Portionen: 6
Zubereitungszeit: 20′
Garzeit: 1h 20′
Schwierigkeitsgrad: ●●
Geschmacksrichtung: ●●●
Kcal (pro Portion): 465
Proteine (pro Portion): 47
Lipide (pro Portion): 26
Nährwert: ●●

Die bereits gekochten Kutteln (Kaldaunen) waschen und in fingerlange Streifen schneiden.
Zwiebeln, Sellerie und Karotten hacken und mit 6 EL Öl anbraten, die Kutteln dazugeben und unter häufigem Umrühren ca. 20 Minuten bei kleiner Hitze dünsten. Die gut abgetropften gehäuteten Tomaten beifügen, mit Salz und Pfeffer abschmecken und bei schwacher Hitze ca. 1 Stunde fertiggaren, wobei man öfters umrührt. Mit frisch geriebenem Parmesan heiß auf den Tisch bringen.

Dieses herzhafte, typisch florentinische Gericht ist mittlerweile weltbekannt und kommt auch heute regelmäßig auf den Tisch: Kutteln aller Arten bekommt man bereits geputzt und gekocht, erfordern also nicht viel Arbeit und auch keine großen Ausgaben.

Es gibt eine üppigere Variante, für die Hackfleisch mit den Röstgemüsen zusammen halbgegart wird, bevor man die Kutteln beifügt - ich meine aber, daß die ohnehin würzige Speise dadurch nur schwerverdaulicher wird.

TRIPPA BOLLITA NEL VIN BIANCO

Kutteln in Weißwein

1 kg Kutteln
4 Karotten
2 weiße Zwiebeln
250 g Butter
1 l trockener Weißwein
gehackte Petersilie

Portionen: 6
Zubereitungszeit: 15′
Garzeit: 2h
Schwierigkeitsgrad: ●●
Geschmacksrichtung: ●●
Kcal (pro Portion): 970
Proteine (pro Portion): 33
Lipide (pro Portion): 72
Nährwert: ●●●

Die sehr fein gewiegten Karotten und Zwiebeln lässt man mit der Butter in einer großen Kasserolle goldgelb anlaufen, gibt die streifig aufgeschnittenen gewaschenen Kutteln dazu und kocht sie auf niedriger Flamme unter öfterem Wenden für 2 Stunden, wobei ständig etwas Weißwein zugegeben wird.
Mit Salz und Pfeffer gewürzt und mit Petersilie bestreut heiß anrichten.

VALIGETTE ALLA VERZA

Kohlwickler

1 Wirsing
400 g mageres Hackfleisch
(oder Siedfleischreste)
1 Knoblauchzehe
2 Eier
1 EL Parmesan
Petersilie
300 g passierte Tomaten
Olivenöl
Peperoncino

Portionen: 6
Zubereitungszeit: 25'
Garzeit: 1h
Schwierigkeitsgrad: ●●●
Geschmacksrichtung: ●●
Kcal (pro Portion): 404
Proteine (pro Portion): 33
Lipide (pro Portion): 27
Nährwert: ●●

Ich sehe meine Schwiegermutter vor mir, wie sie die Röllchen festdrückt, damit die Fülle haften bleibt - sicher wird sie sich wundern, daß ich zu diesem Rezept nicht auch rate, die Kohlrouladen vor dem Kochen mit Bindfaden zu umwickeln, die vor dem Anrichten entfernt werden müssen: wenn man sie sorgfältig eindreht, bleiben sie auch ohne hermetisch verschlossen!

Einen schönen Kohlkopf befreit man von den holzigen Außenblättern und blanchiert die schönsten Blätter mit nicht zu harten Stielen 10 Minuten in kochendem Salzwasser. Einzeln mit einer Lochkelle herausnehmen und auf einem Tuch ausgebreitet abtropfen lassen. Für die Farce vermengt man das Hackfleisch (oder die feingewiegten Siedfleischreste) mit den Eiern, etwas Petersilie und Knoblauch und röstet die Masse 10 Minuten, bevor sie löffelweise auf die Kohlblätter verteilt wird, die man mit den Händen zu fest verschlossenen Röllchen wickelt.
Mit 8 EL Öl in eine Kasserolle setzen und langsam für 20 Minuten dünsten lassen, dann die gut abgetropften Tomaten beifügen, die Wickler behutsam darin wenden, mit Salz und Pfeffer (oder Peperoncino) abschmecken und weitere 20 Minuten köcheln.
Sie schmecken sowohl warm als kalt gut und gewinnen durch etwas geriebenen Parmesan.

FISCHE UND MOLLUSKEN

4

BACCALÀ ALLA LIVORNESE

Klippfisch nach Livorneserart

800 g gewässerter Klippfisch
2 Porreestangen
300 g Pelati
4 Knoblauchzehen
Petersilie
Weizenmehl
Olivenöl

Portionen: 4
Zubereitungszeit: 20'
Garzeit: 20'+20'
Schwierigkeitsgrad: ●●
Geschmacksrichtung: ●●●
Kcal (pro Portion): 300
Proteine (pro Portion): 37
Lipide (pro Portion): 11
Nährwert: ●

Für das klassische livornesische Gericht wird zu allererst eine Tomatensauce bereitet: gehackten Porree und Knoblauch in 4 EL Olivenöl gelb anlaufen lassen, passierte Pelati zufügen und ca. eine Viertelstunde dünsten. Den entgräteten Klippfisch in mindestens 6 regelmäßige Stücke teilen, in Mehl wenden und in reichlich Öl auf mittlerer Flamme beidseitig goldgelb braten. Abtropfen lassen und kurz in der Sauce ziehen lassen. Mit feingehackter Petersilie bestreut anrichten.

Aus dieser Basis kann man einen feinen Sugo für Nudelgerichte bereiten: dazu braucht man etwas mehr Tomatensauce (500 - 600 g) und zerpflückt den gebratenen Fisch (evtl. restliche Gräten entfernen), der mit reichlich Peperoncino und gehackter Petersilie in die Sauce gemengt wird.

Ihre Spaghetti werden besonders verlockend duften und dem Gaumen gewiß zur Freude gereichen.

Darüberhinaus repräsentieren sie durch die abgestuften farbigen Nuancen einen echt mediterranen Touch.

BACCALÀ CON I PORRI

Klippfisch mit Porree

Der gewässerte Klippfisch wird entgrätet, in 4-6 große Stücke geschnitten, die man bemehlt und in heißem Öl beidseitig goldgelb brät. Auf Küchenkrepp abtropfen lassen. Die Porreestangen in feine Rondellen schneiden und in einer Pfanne mit 4 EL Öl langsam 10 Minuten dünsten, die Tomatensauce und wenn nötig 1-2 EL warmes Wasser angießen und fertig garen. Dann Fischstücke hineinlegen, mit Salz und Pfeffer würzen und 1/4 Stunde bei schwacher Hitze ziehen lassen.

800 g gewässerter Klippfisch
6 mittelgroße Porreestangen
Weizenmehl
300 g Tomatensauce
Olivenöl

Portionen: 4
Zubereitungszeit: 20'
Garzeit: 40'+20'
Schwierigkeitsgrad: ●●
Geschmacksrichtung: ●●●
Kcal (pro Portion): 335
Proteine (pro Portion): 38
Lipide (pro Portion): 11
Nährwert: ●

Als Beilage eignet sich die Polenta bestens. Unter den Zutaten führe ich auch Tomatensauce an: sie ist in fast allen älteren Rezeptaren vorgeschrieben, während man heute meist darauf verzichtet, um das Gericht nicht schwerer zu gestalten.

Florenz: Ponte Vecchio über dem Arno

BACCALÀ FRITTO

Ausgebackener Klippfisch

800 g gewässerter Klippfisch
1 Glas Weißwein
200 g Weizenmehl
gehackte Petersilie
Olivenöl

Portionen: 4
Zubereitungszeit: 20′
Garzeit: 5′
Schwierigkeitsgrad: ●●
Geschmacksrichtung: ●●
Kcal (pro Portion): 456
Proteine (pro Portion): 8
Lipide (pro Portion): 26
Nährwert: ●●●

Durch das kurze Überbrühen verfeinert sich der ausgeprägte Geschmack dieses in ganz Europa beliebten Fisches aus dem Baltikum und wird auch leichter verdaulich.

Fischfilets in Stücke teilen und in kaltem Wasser ansetzen; sobald dieses zu kochen beginnt herausnehmen, abtropfen lassen und trockentupfen. Für den Backteig verrührt man das Mehl knötchenfrei mit Weißwein und soviel Wasser, wie für einen glatten, weichen Teig notwendig, salzt und fügt feingewiegte Petersilie dazu. Die Fischstücke in den Teig tauchen und in reichlich heißem Öl ausbacken, bis sie beidseitig eine schöne, goldgelbe Farbe angenommen haben.
Sogleich mit Zitronenvierteln und Blattpetersilie garniert zu Tisch bringen, denn Ausgebackenes schmeckt nun einmal heiß am besten.

Cacciucco

Livorneser Fischgericht

1 1/2 kg Meerestiere (Barben, Seezungen, Meersau, Glatthai, Mantis-Krebs, Muscheln usf.)
1 Glas Weißwein
500 g Tomatensauce
ungesalzenes Weißbrot
Knoblauch
Olivenöl
evtl. Petersilie

Portionen: 4-6
Zubereitungszeit: 30'
Garzeit: 45'
Schwierigkeitsgrad: ●●
Geschmacksrichtung: ●●●
Kcal (pro Portion): 503
Proteine (pro Portion): 47
Lipide (pro Portion): 13
Nährwert: ●●

Bei der Wahl der Fische soll man ohne weiteres auch billige, unansehnliche Sorten nehmen, die meist besonders gut schmecken.
Wenn es nicht bereits Ihr Händler übernommen hat, Fische putzen und ausnehmen.
Man läßt den gehackten Knoblauch mit 4 EL Öl in einer großen Kasserolle gelb anlaufen, fügt eine Messerspitze Paprikapulver und den Wein bei, und wenn dieser eingedunstet ist, die Tomaten.
5 Minuten auf kleiner Flamme köcheln. Zuerst die festeren Fische (Glatthai usw.) und zuletzt die delikateren wie Rotbarben dazugeben, stets bei mäßiger Hitze eine Viertelstunde dünsten und dabei die Fische vorsichtig in der Sauce wenden.
In jeden tiefen Teller wird eine geröstete Brotscheibe gelegt, die man ausgiebig mit Knoblauch eingerieben hat; darauf die Fische verteilen und mit der Sauce bedecken und nach Belieben mit Petersilie überstreuen.

Diese kräftige Fischsuppe wird der Tradition von Livorno zugeschrieben, da sie jedoch mittlerwile große Verbreitung gefunden hat und Livorno schließlich von Florentinern gegründet wurde, gehört sie zum toskanischen Repertoire tout court, auch weil heute frischer Meeresfisch nicht mehr ausschließlich an der Küste, sondern überall erhältlich ist.

INZIMINO DI SEPPIE

Tintenfische mit Gemüse

1 kg Sepien (oder Kalmaren)
2 Bund Mangold
2 Knoblauchzehen
1 Glas Weißwein
1 Bündchen Petersilie
200 g Tomatensauce
Olivenöl

Portionen:	**6**
Zubereitungszeit:	**30'**
Garzeit:	**1h ca**
Schwierigkeitsgrad:	**●●**
Geschmacksrichtung:	**●●●**
Kcal (pro Portion):	**349**
Proteine (pro Portion):	**40**
Lipide (pro Portion):	**14**
Nährwert:	**●**

Mangold von harten Stielen abstreifen, waschen und in kochendem Wasser überbrühen, abgießen und ausdrücken.
Kalmaren säubern: Tintensäckchen und Schnabel entfernen, Tentakeln fein und den Sack in Ringe schneiden. In einer Pfanne 2 Knoblauchzehen mit 3 EL Öl gelb andünsten, Tintenfische und Weißwein dazugeben.
Zugedeckt 10 Minuten auf schwacher Flamme köcheln, dann den feingewiegten Mangold, Tomatensauce, Salz und Pfeffer beifügen und bedeckt ca. 40 Minuten auf schwacher Flamme fertigdünsten.
Warum auch Kalmaren, werden Sie fragen, wenn das Originalrezept Sepien vorschreibt? Weil erstere weicher und delikater beschaffen sind - doch nehme ich es bestimmt nicht übel, wenn Sie traditionsgetreu Sepien verwenden, welche geschmacklich natürlich etwas differenziert sind.
Von Bedeutung ist einzig die Frische aller Zutaten.

Die prachtvolle Bucht von Procchio auf der Insel Elba

1 Krake (Oktopus), 1 kg
1 Stange Sellerie
1 Karotte
2 Lorbeerblätter
5 Pfefferkörner
Weißwein
Rotweinessig
dünnschalige Zitronen
Petersilie
Olivenöl

Portionen: 4
Zubereitungszeit: 30′
Garzeit: 1h 30′+2h
Schwierigkeitsgrad: ●●
Geschmacksrichtung: ●●
Kcal (pro Portion): 245
Proteine (pro Portion): 28
Lipide (pro Portion): 13
Nährwert: ●

POLPO MARINATO

Marinierte Kraken

Die geputzte Krake mit den geschnittenen Gemüsen, den Pfefferkörnern und einem Glas Weißwein in kaltem Wasser zugedeckt zum Sieden bringen und dann auf kleiner Flamme eineinhalb Stunden köcheln. Danach im Wasser auskühlen lassen (erst danach ist der Mollusk weich und genußfertig).
In Stücke schneiden und in einer Schüssel mit Öl, dem Saft und den feingeschnittenen gelben Schalen der Zitronen, einem Glas echtem Weinessig und etwas gehackter Petersilie vermengt zumindest ein weiteres Stündchen die Würze aufnehmen lassen.

Bocca di Magra: Meer und Apuanische Alpen

EIERGERICHTE UND OMELETTS

5

FRITTATA DI RICOTTA

Omelett mit Ricotta

200 g Ricotta (Sahnequark, Topfen aus Schafsmilch)
50 g Parmesan
6 Eier
1/2 weiße Zwiebel
2 vollreife Tomaten
Olivenöl

Portionen:	4
Zubereitungszeit:	20'+20'
Garzeit:	35'
Schwierigkeitsgrad:	●●
Geschmacksrichtung:	●●
Kcal (pro Portion):	404
Proteine (pro Portion):	27
Lipide (pro Portion):	30
Nährwert:	●●

Den (auf einem Tuch abgetrockneten) Frischkäse verarbeitet man mit dem geriebenen Parmesan, Salz und Pfeffer und läßt die Masse rasten. Feingeschnittene Zwiebel und zerhackte Tomaten 10 Minuten in 2 EL Öl weichdünsten und die Eier schaumig schlagen. Etwas Öl in einer teflonisierten Pfanne rundum schwenken (das Omelett läßt sich leichter herausnehmen), und eine kleine Kelle voll Eimischung eingießen. Langsam auf schwacher Flamme braten, ohne den Pfannkuchen zu wenden und mehrmals mit einer Gabel einstechen; auf dieselbe Weise weitere 3 Küchlein bereiten. Mit der Käsemasse bestreichen, einrollen, gut andrücken und in der Tomatensauce kurz auf lebhafter Flamme durchziehen lassen. Sogleich servieren.

Als in der Küche noch scharfumrissene Konturen und Meinungen galten, zitierte die Großmutter den Spruch: "Butter aus Kuhmilch, Käse aus Schafsmilch und Quark aus Ziegenmilch".... Heute findet man Sahnequark aus Schafsmilch leichter als aus Ziegenmilch - außer im Juni/Juli, wenn die Schafe ihre Lämmchen versorgen.

FRITTATA DI CIPOLLE

Omelett mit Zwiebeln

6 rote Zwiebeln
4 Eier
4 EL Olivenöl

Portionen:	4
Zubereitungszeit:	10'
Garzeit:	20'
Schwierigkeitsgrad:	●●
Geschmacksrichtung:	●●
Kcal (pro Portion):	253
Proteine (pro Portion):	15
Lipide (pro Portion):	16
Nährwert:	●

Zwiebel in Rondellen schneiden und mit dem Öl in einer Pfanne goldgelb dünsten. Eier verrühren, mit Salz und Pfeffer abschmecken und bei etwas höherer Flamme über die Zwiebeln gießen. Auf beiden Seiten bräunen.

Kalt oder warm genossen, stets ein Gedicht. Als Variante für hors-d'oeuvres oder ein ganzes Mahl: das etwas fester bereitete Omelett und Brotscheiben würfeln und abwechselnd mit Kürbisstückchen (im Winter) oder Zuckermelone (im Sommer) auf kleine Holzspieße stecken.

FRITTATA DI POMODORI VERDI

Omelett mit grünen Tomaten

2 grüne Salat-Tomaten
4 Eier
Olivenöl

Portionen: 4
Zubereitungszeit: 20'
Garzeit: 20'
Schwierigkeitsgrad: ●●
Geschmacksrichtung: ●●
Kcal (pro Portion): 203
Proteine (pro Portion): 9
Lipide (pro Portion): 17
Nährwert: ●

Die gut gewaschenen Tomaten der Breite nach in Scheiben schneiden und Kerne entfernen.
Auf allen Seiten in Mehl wenden und beidseitig in heißem Öl braten (etwa 10 Minuten für eine elastische Friture).
In ein ofenfestes Geschirr legen, mit den verrührten Eiern übergießen und für etwa 5/7 Minuten in den vorgeheizten heißen Backofen schieben.
Nach Belieben beläßt man das Omelett entweder in der Mitte noch etwas weich, oder man verlängert die Backzeit, bis auch die grünen Tomaten knusprig gebräunt sind. In der Form zu Tisch bringen. Die "Frittata" gibt es in unzähligen Varianten, auch Gemüsereste können dazu inspirieren.

FRITTATA DI FIORI DI ZUCCA

Omelett mit Kürbisblüten

500 g Kürbis- o. Zucchiniblüten
6 Knoblauchzehen
6 frische Eier
Minz- oder Melissenblätter
Olivenöl

Portionen: 6
Zubereitungszeit: 20′
Garzeit: 20′
Schwierigkeitsgrad: ●●
Geschmacksrichtung: ●●●
Kcal (pro Portion): 287
Proteine (pro Portion): 17
Lipide (pro Portion): 23
Nährwert: ●

Kürbisblüten säubern, ohne den Blütenstempel zu entfernen und zerpflücken. Mit wenig Öl, einer Handvoll Minz- oder Melissenblättern und gehacktem Knoblauch kurz dünsten (die schöne gelbe Farbe soll erhalten bleiben), auskühlen und mit den verrührten Eiern in einer nur geschmierten Pfanne locker und weich garen.

Im Rezept spielen die Minzblättchen zwar eine Hauptrolle, doch kann ich versichern, daß die Speise auch dann ein Erfolg ist, wenn man sie nicht bei der Hand hat. Als Alternative kann man eine winzige Prise Thymian, - frisch oder getrocknet als Würze nehmen.

TORTINO DI CARCIOFI

Omelett mit Artischocken

6 kleine Artischocken
6 frische Eier
Mehl
Olivenöl

Portionen: 6
Zubereitungszeit: 20′
Garzeit: 20′
Schwierigkeitsgrad: ●●
Geschmacksrichtung: ●●
Kcal (pro Portion): 305
Proteine (pro Portion): 16
Lipide (pro Portion): 21
Nährwert: ●

Artischocken putzen, Stiele abschneiden, in nicht zu dünne Scheiben teilen und bemehlt mit Öl in einem ofenfesten Geschirr braten. Wenn sie beidseitig goldgelb sind, die schwach gesalzenen und gepfefferten verrührten Eier darübergießen. Wenn Ihnen ein festes "Törtchen" zusagt, schieben sie das Gericht kurz in den Ofen, oder Sie genießen es, wie man es in der Toskana liebt, nicht völlig gestockt in seiner geschmeidigen appetitlichen Frische.

TORTINO ALLA FIORENTINA

Florentiner Zucchini-Omelett

Zucchini in Rondellen schneiden und mit 2 EL Öl in einer Pfanne auf allen Seiten langsam zirka eine Viertelstunde lang goldgelb rösten.
Milch und Eier verrühren, mit Salz und Pfeffer würzen und über die Zucchini gießen. Stocken lassen und (mit einem Deckel oder Teller) wenden, damit es auch auf der anderen Seite Farbe annehmen kann.
Vor dem Anrichten mit einer Prise Majoran überstreuen.

Das urtoskanische "Törtchen" genießt man vorwiegend im Sommer, wenn die frischen, festen Zucchini "singen" (weil sie "tönen", wenn man mit der Hand entlang fährt), es ist aber auch noch am nächsten Tag ein ungeschmälerter Genuss.

Die Karthäuse (Certosa) von Florenz aus der Vogelperspektive

300 g frische kleine Zucchini
5 Eier
1/2 Glas Milch
1 Prise Majoran
Olivenöl

Portionen: 4
Zubereitungszeit: 15′
Garzeit: 30′
Schwierigkeitsgrad: ●●
Geschmacksrichtung: ●●
Kcal (pro Portion): 271
Proteine (pro Portion): 15
Lipide (pro Portion): 22
Nährwert: ●

UOVA AL POMODORO

Tomateneier

5 frische Eier
2 vollreife Tomaten
Olivenöl
Basilikum

Portionen: 4
Zubereitungszeit: 10′
Garzeit: 15′
Schwierigkeitsgrad: ●●
Geschmacksrichtung: ●●
Kcal (pro Portion): 265
Proteine (pro Portion): 14
Lipide (pro Portion): 22
Nährwert: ●

Man läßt die Tomaten für 10 Minuten mit 2 EL Öl in einem Pfännchen weichkochen und würzt mit Salz und Pfeffer. Dann schlägt man die Eier einzeln darauf und verrührt behutsam, so daß die Eigelbe ganz bleiben. Nochmals würzen, das Eiweiß stocken lassen und warm, mit Basilikum garniert servieren.

GEMÜSE UND GEMÜSEBEILAGEN

6

ASPARAGI ALLA FIORENTINA

Spargel nach Florentinerart

1 kg grüner ital. Spargel
80 g Butter
4 Eier
Parmesan
Pfeffer

Portionen: 4
Zubereitungszeit: 15'
Garzeit: 30'
Schwierigkeitsgrad: ●●
Geschmacksrichtung: ●●
Kcal (pro Portion): 194
Proteine (pro Portion): 19
Lipide (pro Portion): 34
Nährwert: ●●●

Den gewaschenen und geschabten Spargel setzt man gebündelt in ein hohes enges Gefäß bis 3/4 mit kaltem Wasser bedeckt mit einem Deckel auf den Herd und läßt 1/4 Stunde lang kernig kochen, ohne je den Deckel abzuheben.
Nur die grünen Spargelspitzen in einer Pfanne mit der zerlassenen Butter langsam 5 Minuten ziehen lassen, salzen und pfeffern, mit dem Holzlöffel wenden und mit reichlich Parmesan bestreuen.
In der Mitte des vorgewärmten Tellers anrichten und mit einem Spiegelei pro Portion auf den Spargelspitzen anrichten.
Ein herrliches (und entschlackendes) Frühlingsgericht.

2 kg frische Fava-Bohnen
(Puffbohnen in der Schale)
1 weiße Zwiebel
4 vollreife Tomaten
Basilikum
Olivenöl

Portionen: 6
Zubereitungszeit: 30'
Garzeit: 35'
Schwierigkeitsgrad: ●●
Geschmacksrichtung: ●●●
Kcal (pro Portion): 646
Proteine (pro Portion): 42
Lipide (pro Portion): 15
Nährwert: ●●●

BACCELLI STUFATI

Gedünstete Puffbohnen

Bohnen aus den Schalen palen; gehackte Zwiebel mit 4 EL Öl in einer Kasserolle gelb anlaufen lassen. Bohnenkerne, die gehäuteten und zerstückelten Tomaten, Basilikumblätter, Salz und Pfeffer dazumengen und zugedeckt auf kleiner Flamme unter öfterem Umrühren 1/2 Stunde köcheln.

Im Detail: Piazza dei Miracoli in Pisa, mit dem Putten-Brunnen und dem berühmten schiefen Turm.

CARDI TRIPPATI

Kardonen-Gericht

800 g Kardonen (spanische Artischocken)
100 g Butter
1 weiße Zwiebel
1 Zitrone
1 EL Mehl
Parmesan

Portionen: 6
Zubereitungszeit: 20'
Garzeit: 2h 10'
Schwierigkeitsgrad: ●●
Geschmacksrichtung: ●
Kcal (pro Portion): 257
Proteine (pro Portion): 6
Lipide (pro Portion): 28
Nährwert: ●●●

Von den kleinen bis mittelgroßen Kardonen entfernt man die äußeren Stangen (grössere haben zuviele zähe Fäden und Abfälle), die weichen werden in längliche Stücke, das Herz in Würfel geschnitten und in Zitronenwasser gelegt, damit sie sich nicht verfärben. Mit einem Eßlöffel Mehl in schwach gesalzenem Wasser langsam 2 Stunden lang köcheln. Die feingehackte Zwiebel läßt man in der Butter gelblich dünsten, fügt die gut abgetropften spanischen Artischocken bei und röstet sie bei schwacher Hitze für 10 Minuten. In ein gewärmtes Pyrexgefäß schichten (sie schmecken nur gut, wenn sie heiß bleiben) und darin mit reichlich geriebenem Parmesan bestreut zu Tisch bringen.

FAGIOLI ALL'OLIO

Bohnentopf

500 g frische weiße Bohnen
(*Toscanelli* oder *Cannellini*)
Olivenöl
frisch gemahlener Pfeffer
4 Knoblauchzehen
Salbei

Portionen: 6
Zubereitungszeit: 6'
Garzeit: 45'
Schwierigkeitsgrad: ●●
Geschmacksrichtung: ●●
Kcal (pro Portion): 370
Proteine (pro Portion): 22
Lipide (pro Portion): 12
Nährwert: ●●●

Frische Bohnenkerne aus der Schale pulen (wenn man getrocknete verwendet, über Nacht mit einem EL Natron in Wasser aufquellen lassen) und mit dem Knoblauch und dem Salbei zugedeckt auf gedrosselter Flamme etwa 45 Minuten, knapp mit schwach gesalzenem Wasser bedeckt, garkochen.
Man serviert sie warm und würzt bei Tisch mit reichlich feinstem Extravergine-Olivenöl und nach Belieben mit frischgemahlenem schwarzen Pfeffer.

Wenn sie die berühmten "Toscanelli"-Bohnen nicht finden sollten, können Sie diese mit anderen weißen und kleinkernigen Sorten ersetzen.
Das "zünftige" Kochen der Bohnenkerne ist durchaus nicht so einfach, wie es scheinen mag: als unerfahrenes Mädchen "lieferte" ich einen unglaublich traurigen, mehligen "Papp", in dem undefinierbare harte Stücke schwammen – die fragend hochgezogenen Augenbrauen meiner Mutter lieferten einen wortlosen, doch ausdrucksvollen Kommentar.
Hinter dem simplen Gericht verbirgt sich ein einziges "Geheimnis" - das langsame, liebevoll überwachte Köcheln unter einem schweren Deckel, den man hierzulande "testo" oder "turo" (Kopfstück) nennt.
Auf diese Art zubereitete Bohnen, mit frischem Landbrot und einem unverfälschten lokalen Rotwein genossen, verkörpern die Quintessenz der kulinarischen Toskana, die einfache Zubereitungen aus gartenfrischen Zutaten liebt (so mein Mann, der sie täglich essen würde).

FAGIOLI ALL'UCCELLETTO

Bohnen nach Toskanischer Art

500 g frische oder 200 g trockene weiße Bohnen (*cannellini*)
3 Knoblauchzehen
Salbei
5 vollreife Tomaten
Olivenöl
Peperoncino

Portionen: 6
Zubereitungszeit: 10'
Garzeit: 1h ca
Schwierigkeitsgrad: ●●
Geschmacksrichtung: ●●●
Kcal (pro Portion): 335
Proteine (pro Portion): 14
Lipide (pro Portion): 11
Nährwert: ●●●

Man kocht die Bohnenkerne mit einem Eßlöffel Olivenöl "al dente" (kernig) - getrocknete 2 Stunden aufquellen lassen. In einem Topf röstet man Salbeiblätter und Knoblauch in 6 EL Öl an, fügt die gehäuteten und zerstückelten Tomaten bei und läßt alles unter öfterem Wenden ca. 10 Minuten bei Mittelhitze dünsten. Bohnen mit etwas Kochflüssigkeit einschütten und sehr langsam eine Viertelstunde fertiggaren. Mit Salz und Pfeffer oder nach Belieben mit Chilipulver abschmecken.

Ebenfalls ein Klassiker der florentinischen Gastronomie, in dem sich die einfachen Ingredienzien perfekt "vermählen". Wie zahlreiche pittoreske traditionelle Bezeichnungen, tappen wir auch hier über den Sinn des "all'uccelletto" (wörtlich "auf Vögelchenart") völlig im Dunkeln. Am überzeugendsten scheint der Zusammenhang mit den Salbeiblättern, die bei am Spieß gebratenen Vögeln nicht fehlen dürfen. Der italienische "Küchenpapst" Artusi erklärte diese Bohnenzubereitung ante litteram als Eintopfgericht, gewährt aber: "wenn man sie nicht für sich genießen will, können sie als Beilage zu Siedfleisch gereicht werden". (Sie schmecken auch zu Würsten gut).

FAGIOLI NEL FIASCO

Bohnen aus der Flasche

350 g weiße *toscanelli*-Bohnen
Salbeiblätter
Knoblauch
Olivenöl
Pfefferkörner

Portionen: 4
Zubereitungszeit: 15'
Garzeit: 2-3h
Schwierigkeitsgrad: ●●
Geschmacksrichtung: ●●
Kcal (pro Portion): 370
Proteine (pro Portion): 22
Lipide (pro Portion): 12
Nährwert: ●●●

Zuerst weicht man die Bohnenkerne für zirka eine Stunde in lauwarmem Wasser auf, gießt sie ab und läßt sie, ebenso wie Salbeiblätter und 2 Knoblauchzehen einzeln in eine bauchige Chiantiflasche (*fiasco*) ohne Basthülle gleiten.
Bis zum Flaschenhals mit Olivenöl und kaltem Wasser auffüllen und so mit einem Wattebausch verstopfen, daß der Dampf abziehen, die Flüssigkeit aber nicht ausrinnen kann. Wenn man über einen Kamin verfügt, bettet man den Fiasco nicht allzunah beim Feuer tief in heiße Asche und achtet darauf, daß die Wärme gleichmäßig bleibt (ursprünglich wurden die Bohnen nach dem Brotbacken die ganze Nacht im warmen Backofen ziehen gelassen). Sonst wickelt man den Boden der Flasche in ein dickes Küchentuch, stellt sie in einen hohen, fast bis zum Flaschenhals mit Wasser gefüllten Topf und läßt nach dem Siedepunkt ca. 2 Stunden langsam köcheln, wobei die Wassermenge stets aufgefüllt wird. Das sowohl warm als kalt feine Bohnengericht wird bei Tisch selbstverständlich mit feinem Olivenöl und frischgemahlenem Pfeffer gewürzt und, wenn man mag, mit feingeschnittenen frischen Zwiebelchen.

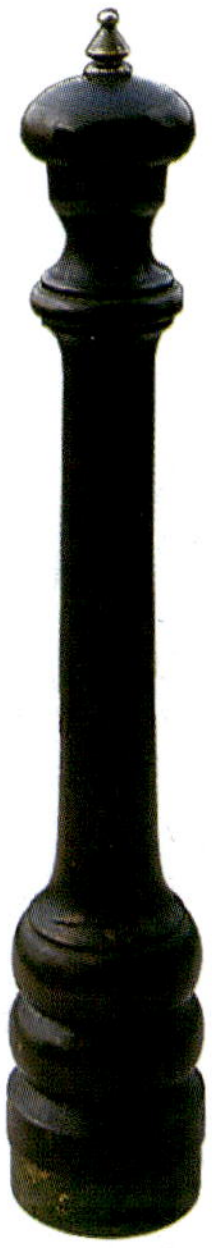

Fagiolini in umido

Geschmorte Bohnen

500 g zarte Wachsbohnen oder "St. Anna-Bohnen"
1 reife Tomate
Brühe
1 Zwiebel
Olivenöl

Portionen:	**6**
Zubereitungszeit:	**15'**
Garzeit:	**35'**
Schwierigkeitsgrad:	**●●**
Geschmacksrichtung:	**●●**
Kcal (pro Portion):	**154**
Proteine (pro Portion):	**3**
Lipide (pro Portion):	**10**
Nährwert:	**●●**

Die gewaschenen Bohnen kappen und evt. Fäden entfernen; die feingeschnittene Zwiebel mit 4 EL Öl in einer Kasserolle hellgelb anlaufen lassen und die gehäuteten, zerstückelten Tomaten und die Bohnen beigeben, mit einem Glas Brühe übergießen und mit Pfeffer und Salz abschmecken. Zugedeckt eine halbe Stunde bei schwacher Flamme schmoren.
Als appetitanregende Beilage oder als Hauptgericht schätzt man diese Bohnen besonders im Sommer, wenn sie frisch aus dem Garten kommen. "St. Anna-Bohnen" sind bis 50 cm lange und daher auch "serpentoni" (wörtlich lange Schlangen) genannte, besonders würzige Brechbohnen.

Funghi fritti

Ausgebackene Pilze

500 g Steinpilze
2 Eier
100 g Mehl
Olivenöl

Portionen:	**4-6**
Zubereitungszeit:	**20'**
Garzeit:	**20'**
Schwierigkeitsgrad:	**●●**
Geschmacksrichtung:	**●●**
Kcal (pro Portion):	**414**
Proteine (pro Portion):	**12**
Lipide (pro Portion):	**32**
Nährwert:	**●●●**

Die Pilze säubert man behutsam - viele nehmen nur die Hüte, doch finde ich auch die Stiele gut, wenn die Pilze fest sind - (nicht waschen, sondern Hüte nur mit einem sauberen Tuch abwischen und die Stiele schaben), schneidet sie in Stücke und zieht sie durch das gut mit dem Mehl verrührte Ei.
Rasch (da sie sonst dunkel und zäh werden) in heißem Öl ausbacken und sogleich knusprig essen.
Manche ziehen vor, die Pilze nur in Mehl zu wenden, doch finde ich sie mit Ei besser, durch das der feine Duft dieser herrlichen Herbstgabe besser zur Geltung kommt, da er sozusagen "eingekapselt" wird.

PISELLI ALLA FIORENTINA

Erbsen nach Florentinerart

Die aus den Schalen gelösten Erbsen läßt man für eine gute Viertelstunde mit dem nicht geschälten Knoblauch (hierzulande "vestito", das bedeutet soviel wie "angezogen"), Petersilie, Öl und wenig kaltem Wasser bedeckt in einer Kasserolle dünsten. Dann gibt man den kleingewürfelten Speck dazu, würzt mit Salz, Pfeffer und Zucker und läßt alles gut durchziehen.

1 kg frische Zuckererbsen
100 g Pancetta (Speck)
1 Zitrone
3 Knoblauchzehen
etwas Petersilie
1 TL Zucker
6 EL Olivenöl

Portionen: 6
Zubereitungszeit: 15'
Garzeit: 20'
Schwierigkeitsgrad: ●●
Geschmacksrichtung: ●●
Kcal (pro Portion): 564
Proteine (pro Portion): 30
Lipide (pro Portion): 39
Nährwert: ●●●

SEDANI RIPIENI

Gefüllter Staudensellerie

1 frischer Staudensellerie
je 100 g : Kalb-, Schweine- und Lammfleisch, Geflügelleber (alles gehackt)
je 50 g Mortadella, gekochter Schinken
2 Eier und 2 Eigelbe
50 g Parmesan
1/2 Liter passierte Tomaten
Weißwein
Zwiebel, Karotte, Sellerie
Olivenöl

Portionen: 6	
Zubereitungszeit: 20′	
Garzeit: 35′	
Schwierigkeitsgrad: ●●	
Geschmacksrichtung: ●●	
Kcal (pro Portion): 537	
Proteine (pro Portion): 28	
Lipide (pro Portion): 30	
Nährwert: ●●●	

Nur die weichen Selleriestangen ohne Blätter kommen zur Verwendung. Waschen, kurz blanchieren, abtropfen lassen. Alle Fleisch- und Wurstsorten feingehackt mit dem geriebenen Parmesan und den Eigelben vermengen und die einzelnen Stangen füllen, die man flach auseinander gedrückt hat. Wieder zudrücken, in Mehl und den verrührten Eiern wenden und 20 Minuten mit 6 EL Olivenöl in einer Pfanne auf allen Seiten langsam braten. Das gehackte Röstgemüse goldgelb anlaufen lassen, nach 10 Minuten die zerschnittene Geflügelleber zufügen und mit einem Glas Weißwein ablöschen. Nach weiteren 10 Minuten die passierten Tomaten zusetzen und die ausgebackenen Selleriestangen in der Sauce kurz aufkochen, mit Salz und Pfeffer abschmecken und heiß zu Tisch bringen.

DESSERTS UND GEBÄCK

7

500 g Weißmehl
400 g Zucker
250 g Mandeln
3 ganze Eier und 2 Eigelbe
1 verrührtes Ei
1 TL Backpulver

Portionen:	**6**
Zubereitungszeit:	**30'**
Garzeit:	**1h**
Schwierigkeitsgrad:	**●●●**
Kcal (pro Portion):	**1350**
Proteine (pro Portion):	**41**
Lipide (pro Portion):	**46**
Nährwert:	**●●●**

BISCOTTI DI PRATO

Mandelgebäck

Außer dem verrührten Ei vermengt man alle Zutaten gründlich zu einem glatten, nicht klebenden Teig (notfalls mit einigen Tropfen Milch befeuchten).
Zwei zirka 10 cm breite und 30 cm lange Teigrollen formen, etwas flach drücken, mit dem verrührten Ei bepinseln und mit Zucker bestreut auf einem mit Ölpapier belegten Backblech bei schwacher Hitze mindestens eine Stunde im Ofen backen.
Wenn die Oberfläche goldfarben und knusprig ist, herausnehmen und noch warm mit einem Messer mit breiter Klinge schräg in 1 cm breite Scheiben schneiden.
Sie halten sich lange in hermetisch verschließbaren Behältern und stellen eine Idealverbindung mit toskanischem Vinsanto dar, der in keinem Haushalt fehlen darf.

BRUCIATE

Gebratene Maronen

Die Maroni mit einem spitzen Messer quer einritzen (in der Toskana gebraucht man den etwas beunruhigenden Ausdruck "kastrieren") und in der speziellen gelöcherten Eisenpfanne auf ziemlicher Hitze auf allen Seiten braten. Die Schale darf ruhig ein wenig angebrannt sein, der herrliche Geruch verbreitet sich appetitanregend.
Kurz in einem Wolltuch "ausbrüten" lassen. Heiß verzehren.

1 kg Maronen

Portionen: 4-6
Zubereitungszeit: 15′
Garzeit: 20′
Schwierigkeitsgrad: ●
Kcal (pro Portion): 378
Proteine (pro Portion): 7
Lipide (pro Portion): 4
Nährwert: ●●●

Eine schmackhafte traditionelle Version sind "betrunkene Maroni": geröstet und geschält richtet man sie in einer breiten Schale an und übergieß sie mit reichlich Rotwein – am besten jungen.

BRUTTI MA BUONI

"Hässlich, aber gut"

4 Eiklar
30 g geschälte Mandeln
30 g geschälte Haselnüsse
50 g Vanillezucker
100 g Butter

Portionen: 4
Zubereitungszeit: 20′
Garzeit: 30′
Schwierigkeitsgrad: ●●
Kcal (pro Portion): 417
Proteine (pro Portion): 9
Lipide (pro Portion): 36
Nährwert: ●●●

Eiweiß zu festem Schnee schlagen, wobei der Zucker nach und nach und nicht auf einmal beigemengt wird, weil die Masse sonst nicht steif wird. Mandeln und Haselnüsse kurz im Ofen rösten und grob hacken. Vorsichtig in den Schnee einarbeiten. Mit einem Löffel nicht zu große Plätzchen auf ein geschmiertes Blech setzen und im vorgewärmten Rohr 30 Minuten bei niedrigster Stufe die "häßlichen Guten" knusprig backen und erst kalt genießen.

CASTAGNACCIO

Kastanienfladen

300 g Kastanienmehl
1 großes Glas Wasser
6 EL Öl
Rosmarin
je 1 Handvoll Pinienkerne
und Rosinen

Portionen: 4
Zubereitungszeit: 15'+30'
Garzeit: 45'
Schwierigkeitsgrad: ●●
Kcal (pro Portion): 338
Proteine (pro Portion): 5
Lipide (pro Portion): 26
Nährwert: ●●●

Während man die Rosinen in warmem Wasser quellen läßt, schüttet man das Kastanienmehl in eine Schüssel, gießt 2 EL Olivenöl und nach und nach das kalte Wasser dazu. Mit einem Schneebesen knötchenfrei verrühren und den flüssigen Teig mindestens 30 Minuten rasten lassen.
Eine rechteckige flache Blechform ölen; in einem Pfännchen die Rosmarinnadeln rasch in 3 EL Öl erhitzen, wodurch dieses besonders aromatisch wird.
Den Teig in die Form gießen, mit den Pinienkernen und den gut abgetrockneten Rosinen bestreuen und sowohl das mit Rosmarin gewürzte als das übrige Öl darübergießen.
30-40 Minuten im Ofen bei 220° backen.

Der Castagnaccio muß eine etwas runzelige Oberfläche von schönem Braun aufweisen und sein gutes Gelingen hängt einzig von der Qualität des Kastanienmehls ab - nie schon im Oktober kaufen, es ist altes Mehl aus dem Vorjahr, sondern frühestens ab Mitte November: es ist fettig und süß (deshalb erübrigt sich auch die Zugabe von Zucker) und schmeckt auch ungekocht gut.

CENCI

Gebackene Bändchen

300 g Weißmehl
50 g Butter
2 Eier
1 EL Marsala
1 Prise Salz
200 g Vanillezucker
Olivenöl

Portionen: 4	
Zubereitungszeit: 30'+1h	
Garzeit: 20'	
Schwierigkeitsgrad: ●●	
Kcal (pro Portion): 805	
Proteine (pro Portion): 8	
Lipide (pro Portion): 38	
Nährwert: ●●●	

Diese Cenci sind heiß und kalt fein; während des Karnevals sind sie in der Toskana fast eine "Pflichtübung", doch bereitet man sie auch zu anderen Anlässen, wie etwa zu Kindergeburtstagen und sommerlichen Festen, da sie sehr leicht verdaulich und auch nicht schwierig zu bereiten sind.
Für die Form ist der Phantasie jeder Spielraum gewährt: man bindet die Streifen auch zu Bändern, oder zackt die Ränder, usf. - ihr Geschmack ist stets köstlich.

Das Mehl anhäufen, in eine Vertiefung raumtemperierte Butter, Zucker, Eier, 1 EL Marsala und eine Prise Salz eindrücken und alle Zutaten zu einem festen Teig durchkneten (notfalls etwas Mehl dazufügen). 1 Stunde bedeckt kühl rasten lassen.
Dann sehr dünn auswellen, mit dem Rädchen in etwa 5 x 10 cm-Streifen abrollen (oder auf die gewünschte Größe - der Namen "cenci", wörtlich "Fetzen" scheint mit der unterschiedlichen Form und Dimension im Zusammenhang zu stehen - und schwimmend in heißem Olivenöl ausbacken, bis sie goldgelb und knusprig sind (sie dürfen aber nicht anbrennen!); abtropfen lassen und mit reichlich Vanillezucker überstäuben.

FRITTELLE DI RISO

Reisbällchen

500 g Reis
1/2 Liter Milch
200 g Zibiben
1 Orange, 1 Zitrone
500 g Grießzucker
1 Gläschen Marsala
1 EL Weißmehl
3 ganze Eier und 2 Eigelbe
1 Prise Backpulver
Olivenöl

Portionen:	**4-6**
Zubereitungszeit:	**25'**
Garzeit:	**1h**
Schwierigkeitsgrad:	**●●●**
Kcal (pro Portion):	**1695**
Proteine (pro Portion):	**35**
Lipide (pro Portion):	**66**
Nährwert:	**●●●**

Man läßt den Reis in einem Topf mit 1/2 Liter kalten Wasser, der kalten Milch und der gescheibelten Zitrone und Orange 20 Minuten unter Rühren auf schwacher Flamme kochen, fügt dann 300 g Zucker dazu und köchelt weitere 20 Minuten, wobei man ständig umrührt. Erkalten lassen, Zitronen- und Orangenscheiben herausnehmen.
Den Reis mit Mehl, Eiern, den Eigelben und Backpulver innig mit einem Holzlöffel verrühren.
Löffelweise in heißes Öl gleiten lassen und auf allen Seiten gleichmäßig ausbacken, bis sie eine schöne, goldbraune Farbe angenommen haben.
Gut abtropfen lassen, in reichlich Grießzucker wälzen und heiß servieren.

Diese Reisbällchen werden traditionsgetreu am 19. März, dem Fest des hl. Josef bereitet, das früher überall als Feiertag begangen wurde. Doch wenn uns auch die Ansprüche der Produktivität um ein Fest ärmer gemacht haben, gibt es keinen Grund, auch auf diese verlockend köstliche Süßspeise der Florentiner Küche zu verzichten, deren Zubereitung nur dem Anschein nach simpel ist: vor allem verlangt sie beim Ausbacken liebevolle Umsicht, damit sie gleichförmig goldfarben und nicht von Öl durchtränkt ausfallen.

120 g Mehl
20 g Bitterkakao
2 Eiklar
1 Orange
150 g Staubzucker

Portionen: 4
Zubereitungszeit: 20'
Garzeit: 10'
Schwierigkeitsgrad: ●●
Kcal (pro Portion): 291
Proteine (pro Portion): 8
Lipide (pro Portion): 2
Nährwert: ●●●

QUARESIMALI

Süße Buchstaben

Man reibt die Schale einer nicht zu großen Apfelsine und verarbeitet diese mit allen anderen Zutaten in einer Schüssel mit einem Holzlöffel lange und sorgfältig zu einer dicken cremigen Masse.

Man füllt sie nach und nach in einen Dressiersack mit einfacher Düse und spritzt nicht zu große Buchstaben (höchstens 4-5 cm Durchmesser) in gutem Abstand auf ein leicht geschmiertes Backblech, da sie sich während der Backzeit etwas ausdehnen.

Für mindestens 10 Minuten im kühlen Ofen backen, dann das Blech herausnehmen und erkaltet ablösen.

Vermutlich kann man sich das etwas umständliche Buchstaben-Aufspritzen ersparen, wenn man entsprechende Förmchen im Fachgeschäft findet - schließlich besteht die Originalität dieses einfachen Rezeptes ausschließlich in der Form des Gebäcks, daher sollen die Buchstaben gut "zu lesen" sein...

Wie der italienische Namen besagt, wurde das Gebäck traditionell während der Fastenzeit zubereitet und die Florentiner Konditoreien stellten ganze Berge in ihren Auslagen zur Schau, die ebenso rasch verzehrt wurden, da nach dem Karneval bis zum Osterfest kein anderer Gaumenkitzel geboten wurde. Heute sind sie bedauerlicherweise etwas aus der Mode gekommen - daher bereitet man sie am besten zuhause für Anlässe wie Geburtstagsfeiern und ähnliches: Ihre Kinder werden sich bestimmt (wie ich) amüsieren, die Buchstaben zu einem Scrabble-Spiel aufzureihen und sie dann vergnügt aufzuessen!

SALAME DI CIOCCOLATA

Schokolade-Salami

300 g Trockengebäck (ohne Ei)
150 g Grießzucker
150 g Butter
50 g Pinienkerne
2 EL Bitterkakao
1 Gläschen süßer Marsala

Portionen: 4-6
Zubereitungszeit: 30'+2h
Schwierigkeitsgrad: ●●
Kcal (pro Portion): 902
Proteine (pro Portion): 8
Lipide (pro Portion): 51
Nährwert: ●●●

Die Biskotten werden in einer Schüssel zerkrümelt und mit Zucker, Kakao und der zerlassenen (aber nicht mehr warmen) Butter gut mit einem Löffel vermengt, wobei man nach und nach den Marsala dazugießt. Von Hand die grobgehackten Pinienkerne einarbeiten, zu einer dicken Wurst rollen und in Alufolie gewickelt im Kühlschrank aufbewahren. Vor dem Anrichten in 1 cm dicke Scheiben schneiden und auf einer runden Platte präsentieren.

Man kann die Salami mit einer zarten Creme begleiten, die über die Scheiben gegossen wird: 2 Eigelbe mit 50 g Grießzucker verrühren, dann 20 g Mehl und einen halben Liter raumtemperierte Milch einarbeiten und gut verrühren. Auf kleinster Flamme ziehen lassen, bis die Creme beginnt, am Rand des Geschirr Bläschen zu werfen und sofort vom Herd nehmen.

Der allegorische Wagenzug des berühmten Karnevals in Viareggio.

SCHIACCIATA ALLA FIORENTINA

Florentiner Karnevals-Kuchen

500 g Mehl
150 g Schmalz
20 g Hefe
150 g Zucker
4 Eier
1 Orange
Salz
Vanillezucker

Portionen:	4-6
Tempo di prep.:	30'+1h+2h
Garzeit:	30'
Schwierigkeitsgrad:	●●
Kcal (pro Portion):	1127
Proteine (pro Portion):	27
Lipide (pro Portion):	50
Nährwert:	●●●

Hefe in lauem Wasser auflösen und in einer Schüssel gründlich mit dem Mehl verarbeiten, bis sich der feste Teig vom Schüsselrand löst; 1 Stunde zugedeckt gehen lassen.
Wenn er sein Volumen verdoppelt hat, von Hand die Eigelbe, den Zucker, 100 g Schmalz, eine Prise Salz und die feingeriebene Orangenschale einkneten und ein rechteckiges Backblech mit hohem Rand 2 - 3 cm hoch einfüllen. Nochmals 2 Stunden gehen lassen, dann im heißen Ofen eine halbe Stunde backen.
Nach dem Herausnehmen mit dem Vanillezucker bestreuen.

SCHIACCIATA CON L'UVA

Fladen mit Weintrauben

Für den Brotteig:
400 g Mehl
20 g Hefe
4 EL Olivenöl

1 kg blaue Weintrauben
8 EL Grießzucker
Rosmarin
2 EL Olivenöl

Portionen:	**6**
Zubereitungszeit:	**15'+40'**
Garzeit:	**30'**
Schwierigkeitsgrad:	**●●**
Kcal (pro Portion):	**620**
Proteine (pro Portion):	**13**
Lipide (pro Portion):	**6**
Nährwert:	**●●●**

Für den Fladen, ein typisches Dessert zur Zeit der Weinlese, verwendet man nicht Tafeltrauben, sondern frisch geernteten Rotweintrauben. - Wenn man vor dem Backen den Kuchen mit einem Glas Rotwein begießt, nimmt dieser nicht nur den Duft, sondern auch die schöne dunkelrote Farbe an.

Den Brotteig (siehe Rezept unten) für 5 Minuten mit einem Eßlöffel Olivenöl verkneten, wodurch er elastisch wird, und die Hälfte auf ein mit Öl gefettetes, rechteckiges Backblech mit hohem Rand füllen. Darauf preßt man mit der Hand 2/3 der Beeren und überstreut diese mit 3 EL Zucker. Mit dem restliche Teig abdecken und an den Rändern festdrücken. Darauf die übrigen Weinbeeren verteilen, leicht anpressen und wieder mit Zucker und einigen Rosmarinnadeln bestreuen. Mit einem dünnen Strahl Olivenöl benetzen, 40 Minuten gehen lassen und dann im vorgewärmten Ofen eine halbe Stunde backen.

Für den Brotteig löst man die Hefe in wenig lauwarmem Wasser auf und vermengt sie in einer Schüssel mit dem Mehl und dem Öl. Gut verkneten, dann 1 Stunde mit einem Tuch bedeckt rasten lassen. Danach kann der Teig beliebig verwendet werden (für Brot, Pizza, Fladen, aber auch als Hülle für verschiedene Gerichte, oder als Basis für eine Quiche Lorraine o. ä.).

ZUCCOTTO

Eisbiskuit

Das Biskuit: Zucker und Eier werden mindestens eine 1/4 Stunde mit dem Schneebesen schaumig geschlagen (ein Tropfen muß einen Augenblick an der Oberfläche bleiben; wenn er sofort untergeht, muß man weiterrühren, weil das Biskuit sonst gummiartig bleibt und nicht schön aufgeht). Mehl, eine Prise Salz und die geriebene Zitronenschale untermengen und in die gebutterte und gestaubte Form gießen. Im heißen Ofen 1/2 Stunde backen und auskühlen lassen. Die Sahne mit dem Staubzucker steif schlagen und im Kühlschrank aufbewahren. In einem Topf bereitet man die Schokoladecreme aus Butter, Kakao, Zucker und ca. 4 EL Wasser und läßt sie leise 5 Minuten lang köcheln; abkühlen und öfters umrühren, da sich sonst ein Häutchen bildet. Kalt mit einem Drittel der Schlagsahne vermischen und wieder kühl stellen. Die übrige steife Sahne mit den kleingehackten kandierten Früchten und der grob geraspelten Schokolade vermengen und ebenfalls in den Kühlschrank stellen. Eine Bombenform oder gewölbte Schüssel mit rechteckigen Biskuitscheiben auslegen und mit einem Pinsel gut mit dem Vinsanto tränken. Die Sahne-Schokolademischung einfüllen, darauf jene mit den kandierten Früchten, sorgfältig mit einer rund zugeschnittenen und in Vinsanto getauchten Biskuitplatte abdecken, gut mit der Hand anpressen und das Eisbiskuit vor dem Anrichten 4 bis 5 Stunden im Kühlschrank (nicht im Freezer, da es ein Halbgefrorenes und keine Eiscreme darstellt) aufbewahren.

4 Eier
150 g Zucker
150 g Mehl
Zitronenschale
1/2 Liter Sahne
100 g bittere Schokolade
100 g kandierte Früchte
50 g Staubzucker
Kakaopulver
20 g Butter
süßer Vinsanto

Portionen: 4
Zubereitungszeit: 50'+5h
Garzeit: 40'
Schwierigkeitsgrad: ●●●
Kcal (pro Portion): 1394
Proteine (pro Portion): 11
Lipide (pro Portion): 95
Nährwert: ●●●

Torta "ai 7 cucchiai"

"7 Löffel-Torte"

400 g Mehl
7 EL Olivenöl
7 EL Grießzucker
7 EL Milch
3 Eier
1 Prise Backpulver
1 Orange
1 nußgroßes Stück Butter

Portionen: 4 -6	
Zubereitungszeit: 20'	
Garzeit: 45'	
Schwierigkeitsgrad: ●●	
Kcal (pro Portion): 433	
Proteine (pro Portion): 11	
Lipide (pro Portion): 11	
Nährwert: ●●●	

Mit dem Schneebesen verrührt man energisch Öl, Zucker, Milch, geriebene Orangenschale und dazu einzeln die Eier, danach Mehl und schließlich das Backpulver.
Die Masse in eine hohe gebutterte und bemehlte Tortenform füllen und eine 3/4 Stunde bei Mittelhitze backen.
Die Torte kann herausgenommen werden, wenn bei der Hölzchenprobe nichts kleben bleibt. Erst nach einigen Minuten stürzen.

Das Rezept liefert eine ausgezeichnete Basis für gefüllte Torten (Eiercremes, oder mit der hier abgebildeten üppigen Feigenmarmelade), oder aber aufgeschnitten als Unterlage für die "Zuppa alla Fiorentina" - wenn Sie die Torte noch lockerer wünschen, fügen Sie 1 oder 2 Eßlöffel Öl mehr dazu - Extravergine-Olivenöl, ça va sans dire.

ZUPPA DOLCE FIORENTINA

Götterspeise

1 "7 Löffel-Torte" (siehe Rezept)

Für die Eiercreme:
2 Eier
1/2 Liter Milch
50 g Mehl
Zitronenschale
50 g Grießzucker

Für die Schokoladecreme:
50 g bitterer Kakao
30 g Mehl
1/2 Liter Milch
80 g Grießzucker
1 nussgroßes Butterstück
1 Glas süßer Marsala

Portionen: 4
Zubereitungszeit: 20′+2h
Garzeit: 40′ ca
Schwierigkeitsgrad: ●●
Kcal (pro Portion): 654
Proteine (pro Portion): 19
Lipide (pro Portion): 22
Nährwert: ●●●

Für die Eiercreme verrührt man in einem Topf Zucker und Eier, schüttet das Mehl ein und gießt die Milch dazu. Unter stetigem Rühren auf schwächster Flamme fast zum Sieden bringen, sofort vom Herd nehmen und mit Grießzucker bestreuen, damit sich keine Haut bilden kann. In einem zweiten Töpfchen bereitet man die Schokoladecreme: Kakao, Zucker und Mehl mit der Milch innig verbinden, bevor man die Creme eine Viertelstunde auf schwacher Flmme köchelt; Butter einrühren und auskühlen lassen. Eine tiefe Glasschüssel legt man mit der in zweifingerhohe Scheiben geschnittenen Torte aus und benetzt sie mit dem Marsala. Schichtenweise Eiercreme, Tortenstücke (stets benetzt), Schokoladecreme usf. einfüllen und mindestens 2 Stunden im Kühlschrank ruhen lassen, bevor man die Götterspeise in Eisbechern serviert - in der Tat präsentiert sie sich wie ein Halbgefrorenes und schmeckt auch dementsprechend erfrischend.

Manche ersetzen den Marsala mit Kaffee; ich bevorzuge den Likörwein, da der Kaffee alle anderen Nuancen zu sehr in den Hintergrund rückt. Das Endergebnis wäre meiner Ansicht nach mehr eine süße "Kaffeesuppe" und die wahre "göttliche" Komponente, nämlich die Schokolade, käme zu kurz dabei.